あなたのゴルフが劇的に変わる

宮里流31の秘密

宮里優

二見書房

●取材協力——ベルビーチゴルフクラブ、大北ゴルフ練習場
●構成——川野美佳
●スポーツニッポン新聞社——佐藤彰雄／撮影　塩田　順
●DTPオペレーション——鹿内照元

まえがき

本書は04年3月から9月まで7カ月間の長期にわたってスポーツニッポン新聞に連載された私のゴルフ理論を一冊にまとめたものです。新聞紙上でのレッスンは初めてのことでしたが、連載がスタートした直後に沖縄で開幕した女子プロゴルフツアーの「ダイキン・オーキッド・レディース」で藍が幸運にもプロ初優勝を挙げられることができたこともあり、多くの読者、ゴルフ愛好家の方々に注目されていただけたのではないかと思います。ティーチングプロの私としては、このレッスンが少しでも皆さんのゴルフ上達にお役に立てるなら、こんなうれしいことはありません。

運よく長男の聖志、二男の優作、長女の藍と3人の子供たちをプロゴルファーとして世に送り出すことができました。皆さんにはよく「どんな〝英才教育〟を施したのですか?」と聞かれます。しかし、私は最初からプロゴルファーを目指して子供たちにゴルフを教えたわけではありません。ゴルフという魅力あるスポーツを家族の共通の話題として親子でいろいろな会話ができたら楽しいだろうなァ、という気持ち。あくまで家族のコミュニケーションの手段としてゴルフをとらえ、夢はその延長線上に置きながら地道にふくらませてきたというのが現実です。

私自身、ゴルフを始めたのは29歳と遅かったのですが、生来の凝り性ということもあって面白さにはまりました。それ以前には野球、バスケットボール、陸上競技、その中でも得意だったやり投げ、卓球、ボウリングなど多くのスポーツを経験していましたが、野球では投手のひじの使い方、陸上でもやり投げのひじの使い方、また卓球ではラケットの返し方など、全てがゴルフスイングに共通していることばかりなのがわかり、驚かされたものです。読者の皆さんの中で、もしこれから、お子さんにもゴルフをやらせたいと思う方がおられるなら、できるだけ多くのスポーツを経験させることも有意義なことでしょう。

技術面の面白さと同時にやはり、ゴルフで大事にしなければならないのはマナー面です。私が子育ての道具としてゴルフが最適だと思うのは、ゴルフは最終的に「人格のスポーツ」だと考えるからです。子供たちが幼年時代、私はよく殴りました。それは善悪の区別をわからせるためのしつけであり、ゴルフに置きかえたとき、たとえば惜しいパットを外したとき、外したことに対して叱るつもりはありませんが、それでふてくされた態度をとる、同伴競技者に不愉快な思いをさせる態度をとる、などマナーに違反した行為をとったなら容赦なく叱りつけたものでした。

私はこれまで、子供たちを相手にゴルフの指導を楽しんでやってきましたが、これからは本人たちが努力を重ねて一人前になっていくことを見守る立場となりました。コーチ役として苦しむことにもなるでしょうが、高いレベルの苦しみだと考えれば、それもまた楽しみです。本書に収められた各テーマは、私なりに考え出した宮里流のゴルフ理論です。子供たちも実践しており、読者の皆さんがひとつひとつ確実に克服してハンディ短縮に結びつけられることを祈ります。

宮里　優

目次

あなたのゴルフが劇的に変わる

宮里流31の秘密

⑦ ⑧ ⑨ ⑩ ⑪ ⑫

秘密1 飛ばしの藍言葉

タメとキレ

我慢のダウンスイング
腕力より腰の回転

コックを解かない

1メートル54の小柄な体から250ヤード級の豪快なショットを生み出す宮里藍。その秘密はいったい、どこにあるのだろう?

「一番のポイントはダウンスイングでの〝タメ〟と〝キレ〟。これで藍はボールを遠くに飛ばしています。トップで高く上げた右ひじを、切り返しの直後に右腰に勢いよく引きつけることでタメが生まれます。

しかも、これを腕力ではなく、腰のリード、つまりキレで行うから球を遠くに飛ばすことができるのです」

注目したいのがハーフウェイダウンでグリップが右腰の真横にきた「⑥の写真」。この状態で藍の手元を見ると、コックが解けておらず、シャフトが立っている。これがいわゆる〝タメ〟。普通、アマチュアはここまでコックを解かずに耐えることはできないが、藍の場合、ぎりぎりまで我慢し、インパクト直前の一瞬でそれを解放するから、トップまでで蓄えたパワーを効率よくボールに伝えることができる。

もちろん課題を挙げることも忘れない。

「トップのポジションでクラブがややシャット（フェースが天井を向く）に上がっているのが気になる点」

「これは私がオーバースイングを嫌って、小さなころからノーコックでクラブを振らせていたことの弊害です。ノーコックはメリットもありますが、手首をやわらかく使いにくい、というデメリットもあります。本来はもう少しフェースが傾き、斜め45度を向くのが理想ですが、そのためにはバックスイングでコックを入れ

バックスイング　“動体視力”と“動体予測”。コーチにとってもっとも重要な資質はこの2つです。動体視力とはコンマ何秒という一瞬の動きを見て、瞬時に欠点や長所を見極め分析する眼力。そして動体予測は動きの先を読む力、とでもいいましょうか。

ゴルフではとやかくダウンやフォローが取りざたされますが、理想のスイングを実現するには、それ以前のバックスイングが大事。始動でインサイドに引き過ぎれば、ダウンは物理的にアウトから下りざるをえなくなる。この辺を見極めるには動体予測がものをいいます。

その意味で藍の腰のキレと大きなフォロー以前に注目していただきたいのが、テークバック。始動の際、グリップエンドと自分との間隔を変えずにクラブを上げることで、藍は腕と体の一体感を損なわず、体の回転に沿ってクラブを上げることに成功しています。

優ポイント

グリップと体の間隔を保つ

るタイミングをわずかに早くする必要があります」

両腕は伸ばして

それにしても目を引くのは体の小ささを感じさせない大きなフォローとフィニッシュ。

「フォローでシャフトが地面と平行になった写真（⑧～⑩）を見てください。両腕がきれいに伸びているでしょ。クラブヘッドと頭のバランスのいい引っ張り合いが感じられます。これができればヘッドを地面スレスレに低く長く通し、インパクトを点ではなく線に変えることができる。しかもアークも大きく、飛ばしの要素は整います。つまりインパクト以降、左腕を脇から切り離し、思いっきり伸ばしていかないと大きなフォローはつくれない」

球筋はインパクトの後、どのようなフォローをつくるかで大きく変わる。このポジションで、もし左ひじが曲がり、外に張り出したらスイングは台なし。飛距離、方向性ともおぼつかないので注意したい。

原生林が広がる豊かな自然を残している。天然記念物のヤンバルクイナが生息する。

父・優さん（左から2人目）のもとでたくましく育った宮里兄妹。（左から）長兄の聖志、藍、次兄の優作

やんばるからの挑戦

子育てに「厳しさと優しさ」のメリハリ

宮里家の玄関には沖縄の古くからの家を象徴する赤瓦の屋根が小さく残されている。沖縄県国頭（くにがみ）郡東村（ひがしそん）字平良。名護市から太平洋に沿って国道331号線を北上して約40キロ。雄大で穏やかな海がいつも目の前にある村だ。

「厳しさと優しさ」。白壁に鮮やかなレンガ色のこの赤瓦は宮里家に代々伝わる父親像を見守っているように見える。1946年5月24日、赤瓦の屋根の農家に生まれた優さんは「オヤジ（伊三郎さん＝64歳で他界）はとにかく厳しい人だった。でも優しい人だった」と振り返った。

家族にはそれぞれ役割が分担されていた。優さんも小学校に上がる前から働き手に加えられる。「野良仕事をダラダラやっていようものなら鍬（くわ）が飛んでくる。全員が自分の仕事を終えないと夕食がとれない」という日々の生活。一方、当時は通学もはだしだった優さんは、陸上競技もはだしでやっていたが、大会に備えたある日、父から新品のスパイクをプレゼントされた。

「今思うと、オヤジの子育てにはメリハリがあった。よかったなァと思います」

3兄弟をプロゴルファーとして世に送り出した優さんの子育ての原点。そこには優さん自身が父親から受けた「厳しさと優しさ」が流れている。

やんばる 沖縄本島北部の総称。漢字では「山原」と表す。現在は名護市以北の丘陵地帯を指し、山に

秘密2

次兄・優作の精度が高いスイングの秘密

四角いアドレス

優作はアマチュア時代からプロの試合でたびたび優勝争いを演じるなどアマ4冠の大器。プロ仲間の間でも〝精度が高い〟とスイングに定評があるが、特徴的なのがアドレスの姿勢の美しさだ。

「ゴルフが上手な人とそうでない人の差はアドレスに出ます。構えを見ただけでハンディキャップも想像がつく。剣道では剣先を合わせただけで相手の実力がわかるといいますが、それと同じです。優作のアドレスは頭がスッと高く、力みと隙（す

左肩始動がスムーズ

き）がない。頭のてっぺんから鼻筋を通って両足の中心に至るまで、一本シンが通っている。背後から見て、体が四角いシルエットを描いているこの状態は、まさにお手本のアドレスです」

ドライバーの場合はややアッパーに振るため、構えたとき、わずかに右体重にはなるが、優作のアドレスには、肩のラインを横の一辺に、そして左右の体のラインを縦の辺とした長方形を重ね合わせることができ、どっしりとした安定感がある。このバランスのよさが優等生的スイングの素（もと）だ。

「連続写真でもわかるように、このアドレスからなら何もためらうことなく左肩と手（グリップ）を同時にスタートさせるスムーズなテークバックが可能。振る前から左右の壁がくっきりとイメージできます。力強いスイングを行う準備が整っている証拠です」

これまで数々のタイトルを総なめにしてきた優作にも、スランプがなかったわけではない。

長方形ラインが崩れず安定感

「優作はアドレスから調子を崩しています。大学一年時のスランプも、グリップが体から遠過ぎたために、テークバックがアウトサイドに上がりミート率が悪くなった。03年も、アドレスでお尻に張りが出るようヒップアップする意識で前傾をつくらなければならないのに、そこにゆるみが生じたために、始動が本来の左肩とグリップではなく、下半身から回りはじめていました。トップで肩は90度、腰はその半分の45度ねじり、上下の捻転の差をつくることが重要なのに、腰から始動させるとこの差がつくりにくく、ダウンでは逆に腰ではなく手でクラブを下ろしやすい、という弊害が生じます。

現在（写真②）の始動は左肩とグリップが先に動きだす理想的な形。腰はハーフウェイバックの辺から回りはじめていますね。だからダウンもしっかり腰のリードでクラブを下ろせるのです」

たかがアドレスと侮ってはいけない。振ることばかりに夢中にならず、一度自分のアドレスをじっくりと鏡に映して点検してみてはいかがだろう。

優作のバックスイングをチェックする父・優氏。技術的には〝完成〟の域に達していると評されている

転向後は、03年JCB仙台など2位が2回。なお、03年の賞金ランクは54位。

やんばるからの挑戦

反骨と「ナンクルナイサ」

沖縄が抱えた“外圧史”を、優さんの世代は切り放すことができない。「私の場合は米軍でしたね」。終戦直後に生まれ、72年５月に返還されるまで、復帰運動が本格化した思春期のころを含めて26年間を、優さんは米軍支配という環境の中で過ごしてきた。

そこで生まれたものは何か。米軍への反発、本土には負けないという誇り。振り返れば沖縄は、江戸時代の薩摩藩の支配、明治時代は維新の波による中央政府の介入など、常に外圧との戦いを強いられている。ウチナーンチュ（沖縄人）の負けじ魂は、歴史が植えつけたともいえる。

その一方、南国の島独特のおおらかさが「ナンクルナイサ(なんとかなるさ)」の精神を生んでいく。自給自足の農家で育った優さんの場合も「畑に何かを植えておけば、ギスギスしないでも生きていける」。後に優さんは東村の村長選に落選後の２年間、どん底生活を強いられるが、窮地にあってティーチングプロへの道を開いたのは、ナンクルナイサの精神だった。

プロ初勝利を飾った藍の３日間、３兄妹の思考と言動、さらに今後の活動と飛躍などを語るとき、沖縄県人として根底に脈打つ、この二つの精神を抜きにすることはできないだろう。

優ポイント

ミスの後もシャンと姿勢を正す

優作は技術はあるが、精神面にはまだ不安が残ります。完ぺき主義なので、わずかなミスも許せず過敏に反応し、肩を落としてうつむくクセがあるからです。姿勢の悪さは必ずといっていいほど、スイングに悪影響を及ぼすので気をつけたいところです。

藍が以前、試合で「81」を叩いたのに、スッと頭を上げ美しい姿勢で ホールを引き上げてきたことがあります。姿だけ見ると「よほどいいスコアだったのだな」と思わせる雰囲気でした。いいスコアでもミスを許せず肩を落とす優作と、悪くてもうつむかない藍。アマチュアの方に見習っていただきたいのは後者。どんな状況でも頭を高く背筋をシャンと伸ばせば、気持ちの切り替えが効き、次のショットに前向きに対峙(じ)できるはず。アドレスはスイングの要。ミスした後ほど胸を張るよう心がけましょう。

自分を許す気持ちの余裕を

優作のツアー成績 01年三井住友VISA太平洋など2位が2回。26試合でベスト10が9回だった。プロ

秘密3

ロングアイアンに見る長兄・聖志の潜在能力

体重が乗った重くて高い球を打つ

聖志は03年、プロ入り初のシード落ちを喫したものの、02年はミズノ・オープンで2位に入り、宮里家ではメジャー(全英オープン)一番乗りを果たした。知名度こそ妹や弟に先を越されているが、その潜在能力の高さは周囲の知るところだ。

強力な腰のねじれ

「聖志のよさは何といっても、強くて重い球が打てるところ。彼は大学時代、私の目の届かないのをいいことに、ゴルフもせず遊びほうけ、大目玉を食らったことのある男ですが、それでもプロの道を諦めさせなかったのは、ロングアイアンでの弾道の高さと強さがあったから。ロングアイアンで高い球を打つのはプロでも非常に難しい。それができるのは、天性もありますが、下半身の使い

優ポイント

スイングのリズム

スイングの2大要素は「スイングプレーン」と「リズム」です。ヘッドをインパクトの瞬間、きちんとボールの位置に戻すには、ゆったり上げてスピーディーに振る、このタイミングが非常に大切。どんなに理にかなったスイングでも、リズムが悪かったら好結果は望めません。

では、いいリズムとは何か? よくゴルフのリズムは「チャー・シュー・メーン」だといいますが、これはかなり妥当な表現だと思っています。「イチ・ニー・サーン」でもいいけれど、要はバックスイングを2つのテンポ(チャー・シュー)で上げ、ダウンを1テンポ(メーン)で下ろすことが肝心。ゆっくり上げて素早く振る。これがゴルフの極意です。このテンポをマスターするだけでハンディキャップが3つか4つ縮まるといっても過言ではないのです。

極意は「チャー・シュー・メーン」

やんばるからの挑戦

驚きと新鮮さ「泥んこガザミ捕り」

優さんはいう。「ゴルフは感性が第一でしょう。球を打つことはプロならみんな同じです。その差は感性で出る」。たとえば練習グリーンでパットした動くボールを当てっこする。「これは技術でなく感覚の問題」(優さん)。ちなみに3兄妹の中で命中率が一番高いのは聖志だ。

海辺にある東村平良の宮里家から山側に向かうと慶佐次(げさし)という村落がある。淡水と海水が混じり合う河口にマングローブが繁り、いかにも「やんばる」らしい風景を持った地域である。

優さんは小学生時代、自然の中を走り回った野生児だった。マングローブが繁る沼でのガザミ(ワタリガニ科のカニ)捕り。熱中して学校に遅れそうになると馬を飛ばして突っ走ったという。「お父さんはそういう生活をしたよーと子供たちに話し、子供たちも自然と触れ合って育って欲しいと願った」。幼年期、慶佐次での親子そろって泥だらけのガザミ捕りは、優さんにとってはなつかしく、子供たちにとっては新鮮な驚きだった。「自然に触れながら育ったか、都会のビルに囲まれて育ったかの差です」。兄妹が「やんばる」で養った豊かな感受性はさまざまな局面で発揮されることだろう。

方に見習うべき点があるからです」

藍もそうだが、聖志の場合も、ダウンスイングの始動を強力な腰のねじり戻しで始めて上半身をリードしている。だから球がつかまり、高くて強い弾道が実現するのだ。

「切り返し以降、ダラダラと腰を切るのではなく、コマを回すように一瞬で素早く切る（写真⑤～⑥）ことがヘッドの加速を促します。このとき、腰はなるべく地面と水平に回すこと。さらに右ひざを左ひざに向かって押し込むように絞っていけば、重心移動を意識的に行わなくても、フィニッシュに向けて自然に体重は左に乗り、ヘッドの振り抜きがよくなる。手ではなく下半身を使ってクラブを振るから、体重が乗った、重くて高い球が打てるのです」

アドレスには難

一方、問題点を挙げるとすれば、アドレスでの重心位置。

「ひざを突っ張って構えているため、重心がかか

感覚がものをいうショートゲームの多彩な攻め方は、幼年期に体で覚えたものが大きい。

と寄りなのが気になります。本来なら股関節から体を前に折り、ひざに適度なゆるみを持たせ、重心は土踏まずに乗せるべきですが、聖志のアドレスはひざのゆとりが足りず、かかと重心になっているため、ダウンで体が伸び上がる傾向が見られます。これは改善すべき点でしょう」

よいスイングは、正しいアドレスからしか生まれないということだ。

「ただし、聖志ならではのよさもある。それはバックスイングでの回転のなめらかさ。ハーフウェイバックでグリップが右腰の真横に来たとき、両ひじが突っ張らず、ゆとりがあります（写真②）。この時点からすでにヘッドの重みを感じられるテークバックができているということです」

写真ではわかりにくいが、ゆっくりとしたリズムでクラブを上げ、ダウンから一気に加速するテンポのよさは、アマチュアの方にも大いに真似をしていただきたいところだ。

聖志のゴルフ 初めて練習場で球を打ったのが3歳のとき。家族と遊びのゴルフを楽しんで育った。

秘密4

左足直角の原理

アマの80%以上が誤解…スクエアなアドレスの極意

しかし、左を向いたからといって単純に右を向けば問題が解決するというわけではありません。こと試合中、アドレスの向きを変えるのはリスクが非常に大きいのです。そこで初日を終えた直後に、私は藍に左足を平行に開く練習を課しました。小さいころは畳の縁を利用し、その線を目安に足を平行に開く練習をさせたものです。しかし、藍と聖志はなぜか平行ではなく後方に引くクセがあり、今でもときおり、そのクセが出てしまうのです。飛球線にスクエアに構えることほど厄介なことはありません。くれぐれも構えは慎重に…。

優ポイント

藍ちゃんにも残る悪いクセ…日々「足を平行に開く」訓練を

藍は04年のダイキンオーキッドでプロ部優勝しましたが、アドレスに関しては試合中ほぼ毎日細かいチェックを行っていました。特に初日は構えるときに左足を平行ではなく左斜め後方に引く悪いクセが出たため結果的に左を向いてしまっていました。

オリジナル極意

飛球線を想定

↓

つま先は飛球線に平行

↓

ボールより後ろに

↓

右向きは×

グッドショットを実現するためには、飛球線に対していかにスクエアに構えられるかが重要なポイントとなる。

「アマチュアの80%以上は、間違いなくアドレスで右を向いています。飛球線に平行に構えれば、ターゲッ

①ボールから飛球線と直角のラインを想定

アドレスで自分が構える方向に向かって、飛球線と直角のラインを想定します。この2本目の直角ラインがミソ。続いて両足をそろえて立ち、つま先のラインは飛球線に平行に合わせ、左足の外側をボールから自分に向かって垂直に引いたラ

②左足の外側をボールから垂直に合わせる

てしまっては正しく立つことはできないのです。あくまでも左足の外側を垂線に合わせることが、スクエアなアドレスの基本です」

もちろん、両足を左右に開くときにも注意が必要だ。

「ドライバーの場合は、両足を閉じた状態から、左足

③両足を飛球線に対し左右平行に開く

やんばるからの挑戦

豊かな創造力を生んだ年数回の〝芸術鑑賞〟

やんちゃ坊主たちが、年に数回は紳士に変身した。折に触れて、優さんが芸術鑑賞に連れて行くためだ。「情緒豊かにというのは大事なことです。ゴルフに直接必要というより、むしろ心の面で必要と思った」。そのために音楽、絵画などに意識的に触れさせた。

それも、出かけるときは服装をキチンとさせる。「それを聴きに行くんだ、見に行くんだというスタイルをつくる」。たとえばN響を聴きに行くとき、普段の半ズボン、ズック靴ではなく、ちゃんと上着を着て、革靴を履いて出かける。優さんは「子供たちにとっては学習の場。そのメリハリをどれだけ与えられるか、理解させられるか」と考えた。

そういう姿勢で音楽を聴き、絵画に触れた子供たちは、親が考えられないようなことを発想する。日展を見に行ったある日、抽象的な書画の前で3兄妹は、三者三様の感想を口

どう立つかの感じ方。スタンスの重要性を表したもので、すべての始まりはここから。

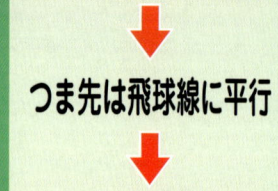

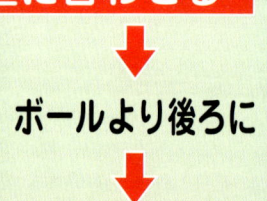

トはかなり右に見えるはずです。ところが、多くの人が肩のラインを直接、ターゲットに向けてしまうため、右を向くことになってしまうのです」

では、常にスクエアに構えるためにはどうすればいいのだろうか?。

「左足直角の原理を使えば、常にスクエアに構えることができます。まずボールの後ろに立ち、ボールとターゲットを結んだ線を想定します。これが飛球線ですね」

ここまでは誰もが行うルーティンの過程。しかし、ここからが宮里優オリジナルだ。

「飛球線を想定したら、今度はボールからインに合わせます。基準になるのが左足の外側の線なので〝左足直角の原理〟と呼んでいるというわけです」

この状態からクラブの長さに応じて、両足を飛球線に対して平行に左右に開いていけば、スクエアなアドレスが完成する。

「ここでアマチュアの方が犯しやすいミスは、ボールから垂直に引いたラインを右足の外側に合わせた状態からアドレスに入ってしまうということです。これではどんなに頑張っても右を向かざるをえなくなる。自分がボールより前(ターゲット方向)に出は足の横幅1足分左に開けば、ボールの位置は自然に左足かかと延長線上にくるはずです。フェアウェイウッドやロングアイアンは1足半分、ミドルアイアンとショートアイアンは2足分開けば、適正なボールポジションが実現します。右足の開き方に関しては、身長や体型によって個人差がありますが、下半身が安定するくらい、つまり、スタンスが肩幅よりもわずかに広めになるまで開くのがいいでしょう」

宮里優オリジナルの左足直角の原理、さっそく練習場で試してみよう!

レッスン中に笑顔の(右から)藍、聖志、優作

にする。「なるほど、こういう見方もあるのかと」。ゴルフにイメージは欠かせない。そのイメージにつながる豊かな感性はトレーニングで養われる。表現力、創造力などイメージ脳と呼ばれ、9歳までにほぼ出来上がるといわれる右脳の存在を優さんが知ったのは、ずっと後になってからのことだった。

大地をつかむ　かつての名手ウォルター・ヘーゲンの言葉に「グリップ・オブ・ザ・グラウンド」がある。

秘密5

ボールの近くに立つ理想の構え

水平に持ったクラブを股関節で挟めたら上出来

尻は落とさない

左足直角の原理で飛球線に対しスクエアな立ち方を把握したところで、次にセットアップのもうひとつの大事な基本である構え方を聞いてみることにしよう。

「ポスチャー（姿勢）などというしゃれた言葉は得意ではありませんが、前傾のつくり方に対するこだわりは、私は人一倍強い方です。まず、一番大事なのは、ひざを曲げてお尻を落とした状態から構えるのではなく、両ひざは突っ張ったまま、お尻は動かさないで太ももの付け根から上体を前に倒すということ。水平に持ったクラブのシャフトを股（こ）関節ではさめたら上出来です」

いわれたとおりにやってみると、お尻のあた

最初からひざを曲げて構えるとボールから遠くなる。ボールの近くに立つための順序を優作(右)に教える父・優氏

不振時には球との距離を再確認

優ポイント

レッスンに特別参加してくれた優作が、大学1年のときに陥ったスランプは、実はセットアップが原因でした。知らず知らずのうちにボールから離れ、遠い球にヘッドを当てにいくスイングになっていたのです。私が「そんなにボールから遠くては当たらないぞ」と指摘し、本人も直そうとするのですが「違和感がある」と拒絶反応を起こす始末。それを直すためグリップをオーバーラッピングからインターロッキングに変えるなど苦肉の策を講じたものです。結局、スランプ脱出には1年かかりました。

調子が悪くなったとき、自分はボールから遠くに立つタイプなのか、近くに立つタイプなのかを知っておくことはとても大切なことです。もちろん誰もがボールから離れて立つわけではありません。自分とボールとの適正距離を再チェックすることが、不調を脱するカギを握ることもあるものですよ。

りにかなりの張りを感じる。

「それでいいんです。ヒップアップしている感じがするでしょ。ひざを曲げるのは上体を大きく〝く〟の字に曲げたその後です。それもあまり曲げすぎると、スイング中、上下動が起きますから深過ぎない方がよろしい」

試しにひざを突っ張ったまま前傾姿勢をつくる宮里式と、最初にひざを曲げてからアドレスに入る方法の両方を優作プロにデモンストレーションしてもらう。すると前者の要領で構えた方が、後者よりもボール1個分近くに構えられた。

「あっ、ほんとだ! 最近、基本に戻る機会がなかったので忘れてましたが、ひざを突っ張って前傾した方がボールの近くに立てますね」とトッププロが感心しきりだった。

パワーが伝わる

プロをうならせるセットアップ術。だが、なぜ球の近くに立った方がいいのだろうか?。

「それはどう振るかに深く関わる問題です。スイングに関してはこれから徐々にお話していきますが、私はダウンで右ひじを締めながらクラブを下ろしてくることが重要だと考えています。さらにバックスイングの線よりは、ダウンスイングの線の方を、体の回転に伴って、ややインサイドから下ろしてきたいのです。ボールが遠いと、ひじを締めながらクラブをインサイドから下ろしてきたときに当たらなくなってしまいます。それを無理に当てようとすると、今度は脇の締まりが悪くボールにパワーが伝わりません」

つまり、脇が締まった効率のいいスイングを行うには、前傾は深過ぎない方がいいということだ。

「高く構えてグリップはなるべく体の近くを通す。体とクラブの一体感を保ってエネルギーを効率よく伝えるためにも、それが理想なのです」

体とグリップの間隔の目安としては、こぶし1個分が基本。おなかが出ている人は、もう少し間隔が広くてもかまわない。そのあたりは体型との相談となる。

よっても変わるが、円軌道をいかに最大限に使える構えかが基本的なポイントとなる。

両ひざ突っ張り 前傾はちょっぴり

アドレスは常に基本に戻る

やんばるからの挑戦

幼年時に習慣化「登校前の勉強」

3兄妹が幼年期、やんばるの豊かな自然と触れ合って育ち、年に数回の芸術鑑賞などで、独自の感性を養ってきたことは前2回で書いた。ここでもうひとつ、つけ加えたいのが〝静筋（じょうきん）〟の鍛錬だ。

静筋とは何なのか。このほど『静筋ゴルフ革命』と題する本を出版した優さんは「運動やトレーニングによって鍛えられるものを〝動筋〟とすれば、静筋は精神的な部分ということができる」という。ゴルフはメンタルな要素が強いスポーツ。プレー中、さまざまな局面に出合い、状況判断、決断、実行を迫られる。たとえばピンを狙うアプローチには、上げるか、転がすか、上げて転がすか、また、林の中からは、木を越すか、下を通すか、横に出すかなどの判断が生じる。「冷静な状況判断と対策は欠かせない。それを考え自分が立てたプランをどう実行できるか」。その決断を支える精神力と実行する集中力を養うことが静筋の鍛錬なのだ。

優さんは感性の養成に関し「幼年時であればあるほどいい」という。聖志が持つ多彩なアプローチに見られる感覚は、幼年期の家族との遊びのゴルフで自然に身についたものだ。静筋も優作が習慣化した登校前に集中して机に向かうことなどで鍛えられていく。

アドレスでの構え プロ＆アマを問わず、これほどさまざまなものはない。クラブの種類、また体型に

秘密 6

ヘッドではなくグリップを意識し、右腰から左腰へ
30ヤードのアプローチがスイングづくりの基本

3カ月で誰でも〝成果〟

「ビギナーも上級者も、レッスン生にはまず、30ヤードのアプローチから教えはじめます。なぜなら、これがスイングの根幹だからです。ピッチングウエッジ、またはサンドウエッジで腰から腰まで振り、30ヤードを打つ。飛ばそうという欲は捨て、小さなクラブでインパクトゾーンの軌道をつくり、ボールをクラブの芯（しん）でとらえる快感を体に覚えさせる。これを3カ月みっちりや

れば、どんな人でもゴルフが見違えります」

では具体的な振り方から伝授していただこう。

「グリップの真下に飛球線と平行な長めの線をイメージします。実際にクラブや長い棒を足元（つま先の少し前）に置いてもかまいません。その線上をなぞるようにグリップを右腰の真横まで真っ直ぐに引き、シャフトが地面と水平になるまで上げます。このとき、シャフトが地面に引いた線（あるいはクラブか棒）の真上に重なり、フェースがほぼ正面を向いていればオーケー。ここからグリップが左腰の真横にくるまで左右対称に振り抜きます」

ヘッドではなくグリップを意識してクラブを上げるのが宮里流。それは「ヘッドを真っ直ぐ引くとクラブはアウトサイドに上がり、クラブが体から離れて一体感が損なわれる」からである。

注意したいのは小手先ではなく、ボディーターンでクラブを振ること。

「どんなに小さなショットでも、ダウンでは右ひざを左ひざに向かって押し込み、締めながらインパクトを迎え

ることが大事。太ももに挟んだ、たとえば風船状の空気ボールをつぶすようなイメージで絞り込めば、ウエートシフトがスムーズになり、体を使ったボディーターンでクラブを振ることができます」

ボディーターンでアプローチ、腰から腰のスイングができれば、どんなに非力な人でもウエッジで30ヤードが打てる。振り幅を肩から肩までにすれば80ヤードを打つことができる。フルショットになったとき、確実にそれが生きてくる。

「テークバックでは、グリップを真横に引くといいましたが、これは手でクラブを上げるという意味ではありません。フィニッシュでは、ひざから上の体全体がターゲットに対して正対している状態まで持っていきましょう。腕は伸ばして体の枠から外さないことです」

左肩から左腕、シャフトとヘッドを結んだ1本のラインを同時に始動させ、両腕が作る三角形を崩さずハーフウェイバックまで持っていく。始動は肩とグリップ同時が正解なのだ。

フィニッシュは右腰まで

まず最初は、ボールを芯でとらえるという感覚を徹底して体に覚えさせるためだ。

隠しごとなし「全員集合の部屋」

やんばるからの挑戦

3兄妹がそろって沖縄で初開催のK-1を観戦したのは04年2月15日のことだ。優さんはレッスンの仕事が忙しく自宅でテレビ観戦。その日の夜、全員集合した宮里家の居間はK-1談義に花が咲いた。「やっぱり生ってすごいよー」(藍)。スリリングな全試合KO決着に「オレ、ゴルファーでよかった」(優作)。「スッゲー。メッチャ、面白かった」(聖志)。団らんは深夜までにぎやかに続き、終わる気配もなかった。

実際、宮里家は親子の断絶に無縁だ。それは子育てに際しての優さんの作戦が効を奏している。「家族が常に集まっている状態をつくる。できるだけ、みんなで一緒になってやろうと心がけてきた」。3兄妹は今でも、実家に戻ってくるとひとつの部屋でゴロ寝だ。それは小さいときからの習慣で、優さんは「勉強部屋といって個室をつくってしまうと話ができなくなる。カギだってあれば取り合いが始まる。親の方にも変な遠慮が出てしまう」と考え、オープンな全員集合の場を意図的につくってきた。

何を考えているのかわからないという状態を避け、隠しごとをしにくい環境をつくる。母親・豊子さんが「みんなが集まるとまるで吉本」とあきれ返るほどのにぎやかさは、幼年期から親が常に子供の目線に立って意見や疑問を交換してきたことで生まれている。

優ポイント

合理的な美を追求する

子供たちが小さなころから私は「美しくなければゴルフじゃない」と言い聞かせてきました。美しいスイングは合理的です。理にかなっています。美しさを追求するために私は、さまざまなスイングを子供たちにデモンストレーションして見せてきたものです。たとえば30ヤードのアプローチをベタ足で下半身を止めて打ったり、ボディーターンを使ってフォローを大きく出してみたり…。で、どちらが美しいかを子供たちに問う。答えは一目瞭然です。小さなアプローチもフォローで腕を伸ばし大きなアークで振れば、ダイナミックで美しい。

身長が高いわけでもなく、手足が長いわけでもない彼らのスイングが美しいとしたら、それは基本のアプローチで美しさの基準を学んだからです。

スイングづくり 宮里流はピッチングウエッジを使用して行う。ボールを飛ばしたいという意識を捨て、

秘密7

返せば転がる　返さなければ止まる

30ヤードのアプローチ多彩に使い分ける

スイングづくりの基礎となる30ヤードのアプローチショットは、2種類の打ち方をマスターすることで、より実戦的となる。インパクトでフェースを返す打ち方、返さない打ち方をしたとき、球筋はどう変化するか。それを身につけておけば、多彩なショートゲーム攻略法が完成する。

フォローで調整

基本の30ヤードのアプローチは、フォローをどう出すかによって球筋が変わる。基礎を固める段階で、上げて止める、球足を使って寄せる、といった球筋のバラエティをマスターできるのは宮里流ならではだ。
「ピッチングウエッジ、またはサンドウエッジで腰から腰まで振り、30ヤードを打つ基本のアプローチには、大きく分けて2種類あります。まずひとつ目はグリップを返さず、フェース面をキープしたままフォローを抜く方法。そしてもうひとつがグリップを返し、フェースをローテーションさせながら打つ方法です。前者は球をフワリと上げ、ターゲット付近に上からストンと落とすショット。後者は球がグリーン面をとらえてから転がる、つまり球足を使えるショットです。フェースを返すと返さないでは、返す方

やんばるからの挑戦

ビデオ見ながら全員が評論家

優さんが長男の聖志、二男の優作にクラブを持たせたのは、いずれも3歳のときだ。長女の藍には当初、ピアノを習わせたが、兄2人の後について「私も…」と自然に家族のゴルフの輪の中に入っていった。

29歳でゴルフを始めた優さんがその魅力にとりつかれたのは、プレーの面白さもさることながら、マナー面に人間性、社会性が感じられたからだ。ゴルフを通じて人格が形成されるとの考え。そのゴルフを子供たちも覚え、一緒にラウンドしたい、ゴルフを通して会話を楽しみたいと思った。3兄妹はそろってプロとなり、結果的には〝英才教育〟を施した形となった。しかし、優さんは「そういう意識は全くなかった。家族でゴルフを楽しみたいというのが第一。遊びの延長で地道に夢をふくらませてきたというのが現実です」と振り返った。

親子そろってにぎやかなゴルフは〝共通の話題〟づくりに格好の道具だった。優さんはもっぱら、ビデオ係を担当。子供たちのプレーの記録をせっせと残し、家に帰れば家族全員が評論家になる。「ウチはホントに話が途絶えることがなかった。親子で話すことはいくらでもあった」。ゴルフを通した会話が、親子の絆を深めていったことはいうまでもない。

が球の勢いが強く、約10ヤード程度、距離が出ると思っていいでしょう」

この練習が実戦的なのは、コースに出た際、グリーン周りの状況によって使い分けが効く点。たとえばバンカー越えならフェースを返さず球を上げ、ピンが奥でグリーン面を長く使えるのなら、フェースを返してランを出せばいいというわけだ。

「藍がダイキンオーキッドで勝ったとき、最終日に勝負を決めた17番のアプローチが、SWのフェースを返さず球を上げて止める秘伝のショットです。距離は61ヤードでしたから、振り幅は腰から腰よりもやや高かったが、あれがまさに基本の30ヤードの応用です」

藍が優勝を引き寄せた〝上げて止める〟アプローチは、フォローでフェース面を天井に向けるのがポイントだ。

両ひじは伸ばす

「30ヤードの短い距離を打つときも、フォローを大きく出した方が打球が安定します。とりわけ左腕を脇から切り離し、なるべく両ひじを伸ばした状態で振った方がフルショットに移行したときにスムーズ。フェースを返すアプローチも、フォローでは両腕を伸ばし、右腕が左腕の上に乗る状態まで前腕をロールさせると球足を生かすことができます。フィニッシュではクラブヘッドのトゥを上に向け、リーディングエッジを立てていきましょう。どちらにも共通するのは、前回お話したとおり、小手先ではなく、下半身を使いボディーターンで打つということです」

練習前に50球を

2種類の基本の30ヤードだけを、みっちり3カ月続けるのが理想だが、それができなければ練習前のウオーミングアップに毎回50球、この基本のショットを取り入れるのがお勧め。それだけでもかなり効果は期待できる。

いう表現。練習場では飛ばしの魅力より、まずアプローチの技術を磨くことが大切だ。

フェースを返せば転がる

フェースを返さなければ止まる

野球から学ぶ手首の使い方

優ポイント

私がゴルフを始めたのは29歳のときで遅い方でした。でも、それ以前は運動なら何でもござれのスポーツマン。ゴルフ以外のスポーツから学んだことは計り知れません。

たとえばフォローの抜き方で球筋が変わるというのは、野球のピッチャーの投球と似ています。ピッチャーは、ボールを手から放す瞬間、手首のひねりや指先の感覚を使ってシュートやカーブ、フォークなどの球種を生み出します。ゴルフも同じ。フォローで手首をターンさせながらシャフトを立てればボールにフック回転をかけられます。真っ直ぐ抜けば横回転のないストレートボールが打てる。もし、それを子供のころに経験していたら、その経験は必ずゴルフに生きるはずです。バランスよく他のスポーツに触れることは、ゴルフの上達につながるのです。

スコアリングゾーン ピンから100ヤード前後のエリア。文字どおり、ここからがスコアの仕上げの場と

秘密8

クラブを意のままに操作できるグリップ

左手も右手もフィンガーグリップが理想

ゴルフは〝グリップに始まりグリップに終わる〟という。宮里流もこの考え方だ。

「(体の一部が)クラブに直接、接している唯一の部分ですから、大事なのは当たり前です。一番重要なのは、両手の一体感を出すということ。私はよく〝ヘビが絡みつくように握りなさい〟という表現を使いますが、両手ともグリップと手の間に

左手のポイント

ボールはクラブで打つ。そのクラブと体を結ぶ接点がグリップだ。その重要性はあらためて説明する必要もないだろう。宮里流グリップは、左手&右手ともフィンガーを基本とする。握り方のポイントは、スイング中、軌道の基点となる左手小指にある。

隙間をつくらないことが最大のポイントです」

そのためにはパームではなく、フィンガーで握った方がいい。

「まず左手ですが、手のひらを斜めに通して握ることを考えるアマチュアが多いようですが、しかし、これではパーム過ぎます。斜めに通すと、小指とグリップの間に空間ができるのがわかりますか？　特に左手の小指はスイング中、軌道の起点になる非常に重要な部分。そこにグリップとの隙間が生じれば当然、クラブは暴れます。ヘビが絡

グリップを密着させるためフィンガーで握る手本を示す優氏。

右手のポイントは人さし指のつくるトリガーの高さが親指より高い位置にくるように聖志プロ（右）に説明。

みつくように手とクラブを密着させるためには、グリップが指の付け根を直角に横切るように握るのが大事です」

グリップを指の付け根付近で直角に握れば、左の拳全体のフォルムは角張って見える。

「それが正解。丸い形に握るのではなく、左手の拳は四角く握るのが理想ですね。そうすればグリップがしっかり指に密着している証拠だし、クラブを意のままに操作する準備が整います。たとえばリリースでグリップを返す動きも、スムーズに行うことが可能になります」

この状態を上から見ると2ナックル。

「これが私の考えるスクエアですね。ややストロングに感じるかもしれませんが、最近のクラブの構造上から、現時点でのスクエアは2ナックルと考えていいでしょう」

右手のポイント

では右手のグリップは？

「右手のポイントは人さし指がつくるトリガーの高さが、親指よりも高い位置にあるというのがポイントです。左手同様、グリップとの隙間ができないよう、まずは親指と人さし指のつくるVを、グリップから浮かせた状態でしっかりつくってから、クラブを包み込むようにかぶせていくといいでしょう。手のひらでべったりと握るのは禁物。中指と薬指の先をグリップに引っ掛けるような意識で握れば、シャフトのしなりが生かしやすくなります」

確かに手のひらでべったり握ると肩に力が入りやすい。指先で握った方が力まず振れるから、シャフトのしなりが使いやすい。

「両手の重なり方は、詰め過ぎても、離れ過ぎてもダメ。手袋の縫い目1センチ弱のところで重なり合えばよろしい」

両手との一体感が出しやすいのは、左手の親指を右手の生命線で包み込むように握ると、感じが出る。

何事も最初が肝心。出発点ではまず、正しいグリップを身につけておきたいものだ。

優ポイント

お勧めはオーバーラッピング

グリップには大きく分けて、オーバーラッピングとインターロッキングの2種類があります。私がお勧めするのはオーバーラッピングですが、優作のようにインターロッキングの方がしっくりくるというのなら、それでもかまいません。

大切なのは両手の一体感をどちらが出しやすいか？　シャフトのしなりを生かせるのはどちらか？ということです。子供たちには最初、インターロッキングでゴルフを教えましたし、4～5歳くらいまでならベースボールグリップも悪くない。しかし、この2つのグリップには、両手の重なり方が深くなりやすいという落とし穴があります。指の交差（ジョイント）が深く入り過ぎると、両手をパームで握りやすくなります。するとシャフトのしなりは生かしにくい。この点には要注意です。

右手を握るときはクラブを包み込むように

やんばるからの挑戦

マナー違反には容赦ないゲンコツ

聖志と優作の兄弟は、優さんに殴られながら育った。2人ほどではなかったにしろ、女の子の藍も例外でない。しつけに対し優さんは「生活態度についてはスパルタだった」という。特に厳しかったのは、人の守るべきマナー、善悪の区別についてで、それはゴルフの精神にも反するとの考えから、違反の際は容赦なくゲンコツが飛んだ。

「もうボッコボコ。踏んだり蹴ったりでした。ハハハッ」

聖志が振り返る。優さんにしてみれば、聖志は初めての子供ということで、理想の子育てに向けた〝実験材料〟のようなものである。ゴルフでのミスなど技術的なものに対しては何のおとがめもない。しかし、ミスを犯した際のふてくされた態度、マナーに違反する行為に対しては即、体罰となる。藍が一度だけ殴られて吹っ飛ばされたのは、日常生活でのささいなウソが原因だった。

優さんは「父親と母親の叱りは違う」という。母親は日常的に接している分、口やかましい小言の印象が強い。ここ一番はやはり、悪いものは悪いと叱るオヤジのカミナリであり、効き目は大きいのだ。

「ただし…」。優さんはいう。「体罰は幼年期、小学生までです」と期間を強調した。その理由は次回で述べる。

腕前の目安　グリップはそれを見ただけでゴルファーのレベルがわかるといわれるほど重要な基本。

秘密9

シャフトは地面と平行 右ひじ角度は90度

飛距離のカギを握るトップのつくり方

完ぺきなフルショットへの道は、トップのつくり方を克服することにある。飛距離のカギを握る、ダウンスイングでのスピード&パワーを生む右ひじの位置をどう決めるか。理想とする高いトップはまず、始動の段階でグリップをどうテークバックするかでスタートする。

グリップは真横に引く
右肩方向へ“斜めコック”

正しいテークバック

優ポイント

優作が高１のとき、スランプに陥ったことがあります。大阪の高校に進学し、親元を離れてしばらくして「球が飛ばなくなった」と深刻に悩みはじめたのです。

「以前は僕の方がずっと飛んでいたのに、最近、皆に追いつかれてきた」という。見れば何のことはありません。トップの形が悪過ぎました。中学のころは、右ひじが高く上がり、角度は90度、二の腕が地面と平行の理想形ができていた。ところが高校に入り、当時流行したスイングの影響を受け、右ひじを脇につけた低いトップにしたことで飛距離が落ちたのです。

腕を体にくっつけたまま低いトップでクラブを振れば、腕と体の一体感はできますが、ダウンで右ひじを下ろしてくることで生まれるパワーやスピードは損なわれます。右ひじの高さは飛距離に直結する。それを頭に叩き込んでおいてください。

右ひじの高さは飛距離に直結

順番を厳守

腰から腰までのハーフショット（基本の30ヤード）を磨いたら、いよいよフルショットへと技術をつないでいく番だ。

「トップが決まれば、後は下半身のリードでクラブを下ろせばいいだけです。言い換えると、トップが決まらないと、スイングは台なしということになります」

それほど重要なトップのつくり方のポイントは？

「テークバックでグリップを真横に引いて、ノーコックでハーフウェイバックのポジションまで持ってきたら、そこから斜めにコックを入れながら、手を右肩の方向に向かって上げていきます。トップでは左手甲が平ら、つまりどちら側にも折れないことが大事。左手甲とフェースと右手甲の向きはリンクしていますから、ここで手の甲がどちらかに折れていたら、フェースがシャット、あるいはオープンになっている証拠です」

アマチュアが陥りやすいのは、テークバック直後にコックを入れ、手でクラブをひょいと持ち上げたり、逆にヘッドをどこまでも真っ直ぐ引くことでコックが遅れ、腕と体の一体感が損なわれるミスなどだろう。そうならないためにも、テークバックはヘッドではなく、グリップを体の真横に真っ直ぐ引き、そこから斜めにコックを入れていくという順番を厳守するのが重要だ。

「コックには縦のコック（手首を親指方向に折る）と横のコック（右手首を甲側に折る）の2種類がありますが、そのどちらかひとつだけでコックをつくってクラブを上げようとするのは間違い。両方を併せた〝斜めのコック〟を使ってグリップを右肩方向へ持っていきたい。アマチュアはトップでグリップが体の中心から外れている人が多いようですが、体の正面でク

しかし、いずれの場合でも右ひじは、ダウンスイングで体についてくるのが鉄則。

ラブを操るためにも、トップでグリップは両肩の線上に置くのもポイントです」

もうひとつ大事なのが、このときの右ひじの角度だ。

「トップでの右ひじの角度は90度を目安にしてください。それより角度をつめ過ぎるとオーバースイングにつながりますし、それより角度がつき過ぎると、逆にレイドオフ（シャフトが寝る）になりますから、右ひじは真下に向け、二の腕が地面と平行になるまで上げるのが理想です。右ひじが脇にくっついたままでは高いトップはつくれません。トップで高い位置に置いた右ひじを、ダウンで一気に落下させることでヘッドスピードを加速していきますから、ここでは右ひじを右脇から切り放すことが非常に大切。さらにシャフトは地面と平行になっていれば完ぺきです」

ここがピタリと決まれば、スイングはほぼ8割方、成功したといっても過言ではないのだ。

やんばるからの挑戦

親ではなく友人として向かい合う

優さんは「体罰は幼年期（小学生）まで」と期間を設けた。それは思春期（中学生）の難しさをどう乗り切るか、いわゆる反抗期に親はどう対応するか試行錯誤した末の方針だった。

「中学生になると、彼らには自我が芽生える。判断力も出てくる。親の姿を冷静に見るようになるのもこの年代で、成長期の最も大事な時期でしょう」。体罰からの切り換えには、優さん自身の反省もある。聖志は長男ゆえに、親の子育てのテストケース的な立場に置かれていたが、体罰に対し次第に恐怖感を覚え、萎（い）縮しはじめたのだ。

小学生までの厳しさを緩めた優さんは一転、体罰をやめて話し合い路線に方向転換した。日曜日ごとにコースに出て、なごやかにラウンドできたら「反抗とか断絶がなくなるだろうな」と作戦を立てたのもこの時期だった。

結果は「うまくいった」と優さんは振り返る。物事を整理し、とことん話し合うことで、子供たちは自分の人格を認めてくれているのだと考える。「幼年期と思春期を分けて、親は対応をしっかりさせておく。小学時代はものの善悪を厳しくわからせる、中学時代は人格を認めて親というより友人として向かい合う」。これが難しい時期を乗りきる宮里流の考え方だ。

トップでの右ひじ　ゴルフの技術史の中で右ひじを体から離すか離さないかは数多く論じられてきた。

秘密10

球に最大のパワーを伝える「切り返し」

腰が先行すれば右脇は自然に締まる

トップからダウンスイングへの「切り返し」は、一瞬で勢いよく行う下半身のリードに腕がついてくる感覚で。3兄妹の中で最も切り返しのタイミングがうまい藍

方向性を安定させる

切り返しはスイングの一連の動きの中で最も難しい部分のひとつ。ここでは下半身の使い方が重要なポイントになる。

「ダウンは下半身のリードで行うのがスイングの

優ポイント 切り返しのタイミング

スイングの線がよくてもリズムやタイミングが悪いとグッドショットは生まれません。そして、そのリズム感を一番必要とするのが切り返しのタイミングなのです。

子供たちの中で切り返しが一番うまいのが藍。小さいころは、女の子ということもあり、ゴルフをさせるつもりはなく、将来はピアノの先生にでもなって、早く結婚して女性としての幸せをつかんで欲しいと考えた私は、彼女に一時期、ピアノを習わせていました。結果は藍もプロゴルファーの道を歩みはじめましたが、ピアノを習っていたことはゴルフに思わぬ好影響をもたらしました。

切り返しで手はおいてけぼり、半拍遅れで腕を振るという微妙なタイミングのつくり方がピアノを習っていたおかげで非常によいのです。リズム感がゴルフに与える好影響は、はかり知れません。

鉄則です。アマチュアは手でクラブを引き下ろし、ボールを叩きにいくことが多いようですが、それでは球の行方は定まりません。腰のキレで球を打つことが方向性を安定させるのです」

では、具体的にはどのように腰を先行させればいいのだろう?。

「トップまででひねり上げた体を、切り返し以降でひねり戻す作業を行うわけですが、このとき重要なのが、ひねり戻す順番です。まず、腰をなるべく地面に対して水平にひねり戻し、その動きに引っ張られる形で半拍遅れで上体、つまり腕を下ろします。ダウンで腰はダラダラと回すのではなく、切り返し直後の一瞬で勢いよく回転させることが大切です」

一方、腕の動きは?。

「トップで高い位置に上げた右ひじを、右腰に向かって下ろし右脇を締めながらインパクトを迎えます。コックは、なるべくインパクト直前まで解かず、右脇を締めることでタメが生まれ、球を遠くに飛ばすことができるのです」

正しい順番

ただし、上体の動きに関しては、下半身の強力なリードがあれば、右ひじは自然に右腰に引きつけられていく。

「無理にひじを絞る意識は持たなくてもかまわないでしょう。イメージとしては、トップで手はおいてけぼり、腰を瞬間的に素早くひねり戻す。この順番を守っていただきたい」

腰を先行させれば当然、インパクトでは、すでに腰は飛球線方向に向いていることになる。

「そうですね。体の正面で球をとらえなさい、という言い方をしますが、それは上半身の話。下半身のリードでクラブを下ろすわけですから、下半身はすでに先に行っているのが正解です。球を打った瞬間のベルトのバックルの位置は斜め45度左前方。もし両脚のサイド(外側)にラインが入ったジャージかトレパンをはいていたら、インパクトで右脚の外側についているラインをボールに向け

瞬間、上半身、両肩を結ぶラインが飛球線に対して平行を維持しているのが宮里理論。

るイメージがよろしい。右腰と右ひじを一体にしてインパクトを迎えることで、球に最大限のパワーを伝えることができるのです」

このとき、ウエートシフトは意識すべきなのだろうか？

「切り返し以降、意識的に左に体重をシフトさせる必要はありません。ウエートシフトを意識し過ぎると、スエー（横へのスライド）の原因になります」

それよりも30ヤードの基本のアプローチのときにポイントとして挙げた、右ひざを左ひざに向かって押し込みながら、左右の太ももを締めていくことで重心移動はスムーズになる。

やんばるからの挑戦

男親が頭を下げ謝罪

宮里流子育ては〝自己責任〟を追及しない。親には自分の子供がしたことの責任を取る義務があるというのが優さんの姿勢だ。やんちゃ坊主だった小学校時代の優作には「随分、てこずった」そうだが、優さんは「その責任を子供になすりつけるわけにはいかない。最終的には親が取らなくてはいけない」とした。

ささいなことが原因で優作が入っていた少年野球の上級生に手を出してしまったのは小学校4年のときだ。練習中に乗り込んだ優さんは、優作をみんなの前で殴った。まさにみせしめ。踏んだり蹴ったりの容赦のないお仕置きだった。

「目上の人を尊敬する気持ちを忘れてはいけない。ゴルフだって同じ。お年寄りとプレーするときはバンカー慣らしなど自分で率先してやるべきでしょう。してはいけないことの区別。それをしたときはキッチリやりました」。その後のフォロー、親の責任の取り方は、相手への謝罪だ。

「そりゃ、私だって恥ずかしい。でも、やらなければならないこと」。親が頭を下げて謝る姿を見れば、子供もやったことは悪かったと反省の気持ちが生まれる。「これは母親では効果がない。男親が頭を下げる姿勢を見せなければいけない」。子供にとって父親の背中というものはかくも偉大なのだ。

インパクトでの形 腰先行のダウンスイングで下半身はすでに飛球方向を向いている。ただし、この

秘密11

遠くに飛ばす魔法のモーション

右ひじ右脇ギュッ！ハーフウェイダウンで

最高の魅力である〝より遠くへ〟の飛距離はどうしたら得られるか。そのために欠かせないのが〝タメ〟だ。ボールを遠くに飛ばすための宮里流「魔法のモーション」はダウンスイングでの右ひじと右手首の動きがポイント。これがインパクトで最大のパワーをボールに伝える。

コックは解かず

ゴルファーなら誰しもボールを遠くに飛ばしたいという夢がある。それをかなえる〝魔法のモーション（動き）〟が今回のテーマである。

「球を遠くに飛ばすための〝魔法の動き〟は、まさにワンポイントしかありません。ダウンスイングの過程で、左腕が地面とほぼ平行になったとき（グリップの位置が右胸～右腰の中間）右ひじと右脇がしっかりと締まり、右手首のコックが解けていない状態。これさえつくれれば球は文句なく飛ん

優作のドライバーショット。
トップ①で右ひじを高く上げハーフウェイダウン。③で右脇が締まっておりボールに力を伝えることができる

でくれます。このハーフウェイダウンでの右ひじと右手首の状態が〝タメ〟の正体なのです」

トップまでで蓄えたパワーを効率よくボールに伝えるためには、下半身のリードでクラブを下ろすことが絶対条件。そのうえで右ひじと右手首で〝タメ〟をつくることで飛距離を出すことができる。

「トップでいきなりコックを解いたり、手でボールを叩きにいったら、飛距離を望むことは難しい。ゴルフ以外のスポーツを考えるとわかるはずですよ。たとえばボールを投げるとき、あなただったらどうしますか？　足を踏み込んで右ひじを先行させ(右利きの場合)最後の最後に手首のスナップをきかせてボールを投げますよね。右ひじを先行させる動きがゴルフでは右脇を締める動きとリンクし、手首のスナップを最後にきかせるというのが、コックの状態をできるだけキープし、インパクト直前に解く動作につながります。

若いころ、私はヤリ投げで県大会1位になったこともありますが、ヤリ投げの投げ方もまた然り。下半身を先行させ、腕の振りは後からついてくる。しかも、右ひじを先行させ、ギリギリまで我慢して最後の最後に手首を使ってヤリを空に放つ。右ひじと右手首を生かすか殺すかによって、飛距離は大きく変わります」

トップからダウンスイングへの切り返し以降、右ひじを右腰に引きつけるためには、下半身の力強いリードとトップでの右ひじの高さが必要になる。

「トップで右ひじが高く上がっていないとダウンでの腕振りのスピード、ひいてはヘッドスピードが上がりません。つまり飛距離を望むのは無理。最初から脇を締めた低いトップでは、魔法の動き＝タメをつくるのが難しいからです」

タメを一気に解放するインパクトでは、肩はボールを正面でとらえるが、腰はすでに先行し、ベルトのバックルが斜め45度を向くのが正解。

「右ひじと右腰の正面で球をとらえる意識を持つといいでしょう。そこからクラブを早くひょいと担ぎ上げるのではなく、ヘッドを地面すれすれに低く流し通すつもりでフォローを出していきましょう」

もショー的要素から、確実に賞金に結びつく大事な技術のひとつに変わってきた。

優ポイント

右手に余計な力を入れず

02年の日本オープンでのこと。聖志は直前まで４週連続予選落ちの絶不調でした。ところが練習場でスイングの線をチェックすると、決してそれ自体は悪くありません。それなのに球が思ったところに飛ばないため、コーチの私は頭を抱えてしまいました。

そして徹夜で知恵を絞った結果、あることがひらめいたのです。「右手のグリップに力が入りすぎているため、ダウンでボールを叩きにいくから球が曲がる、あるいは飛ばない、のではないか」という推察です。そこで「右手のグリップを緩く」というアドバイスを聖志に与えると、彼はいきなり７位入賞の好結果を出したのです。

右手に余計な力が入るとスイングはスムーズさを欠きます。肩に力が入って上体のよどみない回転が妨げられるからです。飛ばしたいときこそ右手の力を抜く。これは藍も実践している飛ばしのコツです。

やんばるからの挑戦

貧乏が生んだ家族のあり方

宮里ファミリーがゴルフ一家としてここまでくるのに、全てが順風満帆だったわけではない。優さんは87年、41歳のときに人生最大のピンチに見舞われている。当時、地元・東村の村長選に現職村長の対立候補として出馬、健闘したものの結果は落選となったのだ。

「その後の生活は厳しかった。本島北部地域では仕事ができなくなった。やっと（仕事が）決まりそうになると横ヤリが入ったりして…」。頼みは公務員の豊子夫人の給料だけという苦しい生活。聖志が10歳、優作が７歳、藍が２歳のときだった。

ティーチングプロへの道は、食べるための選択であり、資格を取った43歳までの２年間はどん底生活だったが、苦境にあって優さんは、父親の威厳も飾りも捨て、なりふりかまわぬありのままの自分を見せ続けた。苦しい家計の中で子供たちにゴルフを続けさせるのは並大抵のことではなかったはずだ。多くのジュニアゴルファーたちが、親の潤沢な資金に支えられて成長していくのなら、宮里家の場合はそれとは違った。

そんな姿は当然、子供たちにも伝わる。「全てのことに力を合わせ、一緒に行動しようとする気持ち。貧乏が家族のあり方を生んだと思う」。優さんは今、むしろそういう時期があってよかったと振り返った。

ロング・ドライブ プロにとって、かつては直接、賞金を生むのはパットだったが、近年は正確な飛ばし

秘密12 手首はこねず クラブを〝放り出す〟

飛距離も方向性もフォローが肝心

技術とともに〝美〟を追求するのが宮里流。その真髄がフォローの形だ。インパクト以降、両腕とシャフトが一直線に伸びて大きなアークでフィニッシュに向かっていく。ヘッドを地面に沿って低く長く放り出すイメージを持つことでそれは得られる。

下半身を「切る」

アマチュアはインパクト以降がおろそかになりがちだが、フォローを重視することは、グッドショットの確率を上げる。

「決して手足が長いわけでもないうちの子供たちのスイングが、もし美しいとすれば、それはフォローで両腕とシャフトが一直線に伸びているからです」

3兄妹のフォローを見比べると、確かに全員、フ

ォローで両腕がきれいに伸びてシャフトと腕が一直線。頭とクラブヘッドがバランスよく引っ張り合う様子が見てとれる。

「だから、のびのびとした美しいフォームに見えるし、スイングアークも大きくなる。アークが大きければ、ヘッドスピードも上がります。インパクト直後に左ひじを曲げ、クラブを左に引っ張り込んだり、手首をこねてクラブをすくい上げたりのフォローでは、飛距離はもちろんのこと、方向性も定まりません。インパクト以降は、なるべく長い時間、ヘッドを地面ぎりぎりの低い位置に通した方がショットの精度が上がるのは明らか。そうするためにもフォローでヒョイとクラブを上げず、インパクト以降、左腕を脇から完全に切り放し、両腕を目いっぱい伸ばして、腕とシャフトが一直線になるよう、クラブを前に放り出していくことが大事です」

両ひじを伸ばし、シャフトと腕を一直線にするフォローを実現するには、どんなコツが必要なのだろうか？

「コツはダウンで下半身をしっかり切っていくことです。それにつられて腕とクラブを前に放り投げるスペースが生まれ、クラブの抜けがよくなります。腰が止まってしまっては、長く大きなフォローは望めません。もうひとつはリリースを十分に行うこと。アマチュアは手首をこねるのとリリースを混同す

優ポイント

正しいバックスイングが生む正しいフォロー

4試合ぶりに藍のスイングチェックのため試合会場に行ってきました。実はテレビで見ていて「フォローが出ていない」と感じていたからです。

実際に見てみると毎週、狭いコースで戦っていたためか、方向性を優先している様子がうかがえました。特にバックスイングで右ひじを早くたたみ過ぎるのが気になった。ひじを早くたたむと、上体の回転が不十分になりやすく、ダウンで思いきって腰を切っていけずに、大きなフォローが出しにくくなってしまうのです。

フォローを直すにはフォローだけを変えればいいというわけではありません。バックスイングで上半身を下半身の上にしっかり乗せ、下半身のリードでダウンを行わなければ正しいフォローにはたどり着けない。まずは理にかなったバックスイングを行うことが美しいフォローへの絶対条件なのです。

球の先にあるフォローからフィニッシュまでを完全にスイングすることが大事だ。

る方が多いですが、手首をこねてはいけないが、リリースはしなければならない。両ひじから下の前腕部分をロールさせ、フォローでは正面から見て右腕が左腕の上にある状態までリリースを行いたい。このときグリップエンドは体の中心（おヘソ）を指していれば、リリースが正しく行われた証拠です」

〝手羽先〟はダメ

宮里流でもっともよろしくないとされるのは〝手羽先〟スイング。

「インパクト直後に左ひじを曲げ、外に張り出したフォローは最悪です。グリップよりひじが先行するので、フェースでボールを抱き込んで打つ、いわゆる〝つかまえる〟ことができない。球の行方は神のみぞ知るですね。私はこれを〝手羽先〟スイングと呼びますが、あらゆるミスの原因になるのでやめてください」

やんばるからの挑戦

誰にも負けないハングリー精神

優さんが村長選に落選した後、ティーチングプロの資格を取るまでの２年間、経済的な苦境に立たされた宮里ファミリーが団結によって深いきずなを得たことは前回で書いた。と、同時に、優さんはハングリー精神で再起に立ち向かうことになる。

今、３兄妹がプロとして活躍するようになり、まとまったお金も入るようになったが、優さんは「倹約の大切さは忘れない。気持ちのうえでは、苦しかった当時の境遇を不幸と思って下を向いてしまったか、くじけずに上を向いてきたかを大事にしたい」といった。

ハングリー精神は、長い間、米軍の統治下に置かれた沖縄県人には共通して流れている。優さん自身、趣味のゴルフを今度は「生きるため」に変え、ハードな練習をこなす。原っぱを舞台に球を打ち、日が落ちれば、今度は懐中電灯の明かりでパットに取り組む。車の中で仮眠を取りながら、１日計８～10時間に及んだ練習の末の合格は、まさに「負けじ魂」「反骨精神」なくしてなしえなかったろう。

優さんが子供たちにいう「苦しいことから逃げ出さずに努力しろ」は、だから説得力がある。一生懸命やって、努力して「これにかけてはオレは誰にも負けないという誇りを持つこと」が宮里家の子育ての軸である。

ヘッドスピード　静から動のスイングにあって、インパクトでの最高スピードは力だけでは得られない。

秘密13

上半身は2軸 下半身は1軸

窮屈さとスエーを解消する「バンザイドリル」

スイングの軸をどうイメージするかはショットの成否にかかわる大事なことだ。宮里流は上半身を2軸、下半身を1軸と考える斬新な発想。これで1軸だけのときの窮屈さ、2軸にしたときのスエーの危険性などが解消できる。要は回転運動にあって上半身を下半身の上にどうキッチリと乗せられるかだ。

きっちり乗せる

軸と体重移動は密接な関係にある。スイングには1軸と2軸があるといわれるが、はたして宮里流はどうなのだろう？

「1軸スイングの弊害は、体をその場で回そうとするあまり、ピボットが逆になりやすいということ。バックスイングで左に重心が残り、ダウンスイングで右に体重が乗る、いわゆるギッコンバッタンですね。一方、2軸ですが、体重移動をダイナミックに行った結果、下半身が左右へスライドするスエーの危険性をはらんでいます。そこで、私は軸の意識を上半身と下半身で分けることを考えました。上半身は2軸、下半身は1軸と解釈すれば合理的です」

なるほど斬新な発想である。

右の壁→左の壁

「まず上半身ですが、こちらは背中にちょっと太めの丸太を背負っているイメージを持ち、その丸太に沿って肩を回せばよろしい。そして、左肩が右腰の真上にしっかり乗りきった時点でバックスイングは完了です。フォローでは、その逆に右肩が左腰の真上に来るまで上半身をねじり戻す。つまりスイング中、上半身は、右のカベから左のカベへスタンスの幅いっぱいを移動することになります。この動きができれば、意識しなくても重心は自然に右から左へとスムーズに移動します」

では下半身の1軸はどんな意味を持つのか?。

腰は平らに回す

「下半身は樽(たる)の中に入れ、樽の内壁に腰がぶつからないよう、その場でクルッと回すイメージがよいでしょう。このとき地面に対して平らに回すのが理想。右腰の真横に壁や机などの障害物を置いて構え、腰を平らに回したとき、その障害物に右腰が激突したら、それは腰が平らに回っていないか、スエーしている証拠です。腰を回しきったときに、障害物と右腰の間に数センチの隙間ができるくらいがちょうどいい。そうでないと下半身の上に上半身をきちんと乗せきることはできません」

腰をその場で回すからこそ、スタンスの幅いっぱいに回る上半身(左肩が右腰の真上まで)を、スエーすることなく受け止められるというわけだ。

「下半身に上半身を乗せるために〝バンザイドリル〟を紹介しましょう。力こぶをつくる要領で両ひじを直角に曲げ、その状態でバックスイング、ダウン、フォローと上体を回します。上半身をひとつの面に見立て、その面を腰の真上に乗せるイメージを持ってください。トップでは左肩が右腰の真上に、フォローでは右肩が左腰の真上に来るまで繰り返し体を回します」

上半身が下半身の上に乗ってこそ、ボールに効率よくパワーを伝えることができる。バンザイドリルで体の動きをマスターすれば飛距離は間違いなくアップする。

腰や肩を右に移動させたりすることで回転、体重移動していると錯覚しているケース。

優ポイント

軸ブレなければ頭動いてもOK

昔から日本では「頭は動かすな」「ボールを見ろ」というレッスンが主流でした。そこで、少し前までアニカの“ルックアップ打法”は変則といわれたものでした。

しかし、見かけは変則でも、アニカのルックアップは非常に効率がいい。なぜなら頭の重さを利用し体重移動をよりスムーズに行っているからです。しかも、顔がターゲット方向に動いても、彼女の首根っこ（洋服のタグがついているあたり）は動いていません。これは、ルックアップはしても、軸はブレていない証拠です。

アマチュアは、むしろボールを見過ぎることの弊害の方が問題です。というのは、ボールを見過ぎると体重がテークバックで左、フォローで右に残る逆ピボットが起こりやすいからですが、軸さえブレなければ、頭はむしろ動いた方が重心の移動はスムーズです。顔まで含めた重心の移動を考えましょう。

背中にカサをさし、上半身の使い方を練習する

やんばるからの挑戦

他の競技がもたらす〝産物〟

多くのスポーツを経験することがゴルフに役立つことは、優さん自身、多彩なスポーツ歴を経たことで実証されている。「体はもともと、野良仕事で鍛えられていましたから」。小柄ながらスポーツ万能。少年時代の優さんは、陸上競技、バレーボール、野球などで県内トップを争うほどの活躍を演じている。

陸上競技の走る、その中で得意だったヤリ投げや野球の投げる、バレーボールのスパイクや野球の打つなど、全てがゴルフにプラスになるという。「まずスポーツの基本である下半身の強化。投げる、打つはひじが先に出て手首を引っ張るというゴルフのスイング、特に〝タメ〟の動作に共通しています」。ゴルフの上達は、ゴルフだけでなく、他のスポーツを経験した方がプラスというのが優さんの持論だ。

だから、子供たちには中学生まで積極的に部活を勧めた。優作も藍もバスケットボール、陸上競技を経験しているが、特にバスケットボールはバランスづくりに効果的という。「相手に押されても倒れないというバランスは、ゴルフのスイングにあっても崩れないというバランスづくりに役立つ」。しかし、成長期のこの時期、注意しなければならないこともある。それは次回で述べる。

スイングの錯覚　アマチュアに多く見られるのが、バックスイングで左肩を前に落としたり、また、

秘密14

正しいプレーンにクラブが乗る！オーバースイングも回避！

バックスイングは最初の30センチをゆ〜っくり！

始動からトップまで――。バックスイングは自分の目で確かめられない〝見えない部分〟だけに慎重さが要求される。クラブを正しいプレーンに乗せるために、肩と腰を正しく回転させるために、ここで最も重要となる心構えが「ゆっくり上げる」ことだ。

〝見えない部分〟

宮里流で〝肝〟とされるのがバックスイング。いったん動作が始まってしまえば修正するのは難しい。だからこそクラブの上げ方にこだわりが必要だ。

「ゴルフで最も重要なのは、正しいプレーンにクラブを乗せることです。しかし、これをスイングの途中からやろうとしてもできるものではない。オンプレーンになるかどうかは、始動からトップまでをどう上げるかが勝負です。だから、バックスイングはとりわけゆっくり、慎重に上げなければな

始めから捻転差……
トップでは腰45度・肩90度

やんばるからの挑戦

素人にタブー「上半身の強化」

優作は中学時代、九州ジュニアゴルフの前日に開かれた学校の陸上競技大会に全力投入した経験がある。駅伝を含めて多くの種目に出場が予定されており、学校の先生は「ゴルフに支障があるのでは?」と心配したが、優さんは「全く関係ないから思いきり、死ぬまでやってください」と答え、先生を驚かせたそうだ。

中学生までの体づくりとして、下半身は徹底して鍛え抜いておくべきというのが優さんの持論だ。それはヤリ投げを中心に陸上競技を得意としていた優さんが経験から得たもので「走ることは全てに共通する強化策」だという。しかし、一方「素人が手を出してはいけない」ものもある。それが上半身の筋力強化だ。

聖志も優作も、上半身の鍛錬に本格的に取り組んだのは大学進学後。19歳の藍も、その分野はまだ未知数で「腕の力など弱くこれから」(優さん)という。

スイングに直接関わる背筋など上体の強化は「成長期にある子供たちに対して簡単にやってはいけない。余計なところに筋肉がついたらスイングに影響し、選手生命が終わってしまうこともありうる」。3兄妹が初めて、東海大スポーツ医科学研究所・田中誠一教授(69)の指導を受けた際、同氏は「変なものがつくられていなくてよかった。先が楽しみ」と話している。

りません」

始動の瞬間、手でクラブをひょいと持ち上げ、目にもとまらぬ速さで球を叩きにいくアマチュアは実に多い。

ギャップ埋める

「うちの子供たちのスイングを参考にしていただきたい。他のプロと比べても彼らのテークバックはかなりゆっくりだと思います。で、切り返し以降、一気に加速するから軌道がブレにくいのです。

ゆっくり上げるメリットはいくつかありますが、まずはプレーンに乗せやすいというのがひとつ。腕の余計な動きが抑えられ、体を十分に巻き込みながらクラブを上げることができるのもひとつ。また、バックスイングはフォローと違って、自分の目で見て確かめることができませんから、イメージと実際の動きは天地ほどの開きがある。そのギャップを埋めるためにもゆっくり上げる必要がある」

始動では、左肩を誰かに押されるようなイメー

ヘッドスピードは必要だが、バックスイングのときに、それはまだ必要ないとしている。

ジでグリップと左肩を結んだ線を同時にスタートさせるが、腰を回しはじめるタイミングは?。

「トップまでに肩は90度、腰は45度回すのがひとつの目安。私はこの45度の差を初期の段階でつけた方がいいと考えています。手と肩を一緒にテークバックし、グリップが右腰に達したところで肩は、ほぼ45度回転済み。その時点で腰を始動させれば、はじめから45度の捻転の差がつくことになります。あとはトップまでに肩、腰ともに45度回せば完ぺきです」

コックを入れはじめるタイミングはどうか?。

コックも〝我慢〟

「オーバースイングを避けるには、コックを入れるタイミングはあまり早くない方がよろしい。ハーフウェイバックまでは、ほぼノーコックでクラブを上げ、そこから右の肩口に向け、斜めにコックを入れるのが理想です」

正しいプレーンにクラブを乗せ、上下の捻転差をつけ、オーバースイングを回避する。バックスイングをゆっくり上げるのは、これだけの効果があるからだ。

「バックスイングはつくるもの。それさえつくってしまえば、あとは流れに任せるしかありません」

バックスイングの重要性を再認識しておこう。

優ポイント

バックスイングではあらゆるミスが起こります。アマチュアに多いのが小手先でひょいとクラブを上げるタイプ。それから「真っ直ぐ引く」という言葉を誤解し、飛球線の延長線にヘッドを通そうとして、体からクラブがどんどん離れていってしまうタイプ。真っ直ぐ真横に引くのはグリップで、ヘッドを真っ直ぐ真横に引くのは間違いです。

優作のように日々、努力を怠らなくても、勘違いを起こす。彼にはテークバックを手と肩ではなく、腰を先にスタートさせる悪いクセがありますし、藍と聖志は、時としてクラブをインサイドに上げ過ぎるクセがある。これらは意識して直さなければならない部分。実際の動きが自分では確かめられないバックスイングを、頭の中のイメージに近づけるには、最初の30センチをなるべくゆっくり始動させることが重要です。

スロー・バック バックスイングに関する有名な格言。急ぎ過ぎを戒めたもので、解説によると、

秘密15

上げるも転がすも肩の回転で打つ

二刀流アプローチ

グリーンを外しても〝怖いものなし〟

グリーンを外したときにどう寄せるか。アプローチの出来、不出来によってスコアは大きく変わる。ショートゲームの基本として30ヤードの2種類のアプローチショットをマスターしておけば〝怖いものはない〟というのが宮里流。ピッチショット、ピッチエンドランの打ち方を克服しておこう。

どんなにゴルフがうまくても常にグリーンをとらえられるとは限らない。外したときにどう対処

するか。それがスコアメークのカギを握るといっても過言ではないだろう。

「スイングの基本でも触れましたが、アプローチの基本は、ピッチングウエッジ、またはサンドウエッジで腰から腰まで振る30ヤードのショットに集約されます。距離感を養うひとつの〝ものさし〟として30ヤードのアプローチをマスターしておけば応用範囲はかなり広い。今回は球をフワッと上げて寄せるアプローチと球足を使って寄せるアプローチの2種類を解説していきましょう」

ピンの根元に球の重さでストンと落とすピッチショットと、グリーン面を使って転がすピッチ&ランが今回のテーマだ。

根元に落とすピッチショット

「ボールを浮かすにはフェースを開く必要があります。スクエアにセットすると出球が強くなり過ぎますからね。手順としてはまずスタンスをスクエアに構えてフェースを開きます。しかし、これではリーディングエッジが目標の右を向いてしまう。そこでフェースを開いたまま、リーディングエッジがターゲットに向くまで反時計回りに体を開きます。スタンスは狭め、クラブはやや短く持ち、つま先のラインに沿って平行にクラブを上げ、フェースを返さずに振れば、軌道は自然にアウトサイドインになり、打球はフワッと上がって2〜3バウンドで止まります」

球を上げやすいように最初から体とフェースを開いているので、無理にクラブを外に上げようとしなくても、スタンスに沿って振るだけで軌道は自然にカットとなる。

「ポイントはスイングを通して左足重心をキープすること。この方がクラブを鋭角に入れやすく、チャックリなどのミスを防げます。それでもダフるという人は、バックスイングで右ひざを動かさない意識が大事です。その場合もフォローでは、普通のスイングと同様、右ひざを左ひざの方向に押し込み、ボディーターンで打つことを忘れずに」

このピッチショットでは、腰から腰の振り幅で30

バンカー越えにも最適

優ポイント

04年の開幕戦で藍が優勝したとき、勝負を決めた最終日17番のアプローチは、今回説明したフェースを返さずに打つ基本の30ヤードの応用でした。その週の藍は、ドライバーは飛んでいたけれどアプローチは今ひとつ。そこで66の好スコアを出した2日目のラウンド後、私は徹底的にフェースを返さない50〜60ヤードのアプローチの練習を課したのです。

ダウンでリリースをせずにフェースを天井に向けて打つ秘伝のアプローチは、球を浮かせてピンの根元をデッドに狙えるため、グリーンの形状の影響を受けずにチャンスを演出できるすぐれもの。しかも、手前の状況に左右されませんからバンカー越えにも最適です。子供たちには球を上げるアプローチを先に教えましたが、それは転がしよりも難しい上げる技術を先に習得させたかったからで、その選択は正しかったと思っています。

練習場ではともすればドライバーで飛ばしたがるが、小技のマスターこそ上達への近道。

ヤードを打つのが目安。キャリーは25ヤード、ランが5ヤードの計算だ。

ピッチ&ランのポイント

次は打つ距離の半分から3分の1を転がすピッチ&ランのポイント。

「構えはピッチショット同様にオープン。つま先と平行にクラブを上げるバックスイングは一緒ですが、インパクトからフォローにかけてボールを包み込むようフェースを返してリリースを行います。ヘッドの重みで自然にフェースを返し、フォローでクラブのトゥが上に向けばOK」

こちらも振り幅は腰から腰。小さなショットも小手先ではなく、肩の回転で打つことが正確なアプローチを成功に導く。

やんばるからの挑戦

人格形成へゴルフは二の次

今、ジュニアの育成に力を入れる優さんは、教え子たちの通信簿を見せてもらうことを欠かさない。彼らの親には「ゴルフだけというのは感心しない。成績が落ちたらゴルフは休ませなさい」と言い聞かせているそうだ。

3兄妹の中学時代までの生活パターンを振り返ってみても、学校、部活、生徒会活動、塾、それらを終えてゴルフの練習、ボール拾い、勉強は朝と、常に学校を中心とする日々を送ってきた。成績が落ちたら「ゴルフを削るしかないでしょう。ほかに削れるものはない」。優さんの考えは徹底して学業最優先。ゴルフだけうまければよしとする親の期待とそれに従う子の甘さを否定している。

その背景に優さん自身のゴルフ観、それに沿った取り組み方がある。「ゴルフは最終的に人格の勝負」。だから、中学生でも高校生でも、あるいは大学生でも社会人でも、そのときどきの本分をしっかり果たせてこそ「ゴルフもコントロールできる」とする考えだ。

幼年時からゴルフに親しみ、中学時代はそれぞれ期待の芽を出しはじめていた3兄妹だが、こうした優さんの信念をもとに優作も藍も学校生活を満喫、行事には積極的に参加し、学業優先を貫いてきている。

PW3カ月　宮里門下生の必修科目。まず基本の30ヤードアプローチを3カ月間、徹底して練習する。

秘密16

寄せたい気持ちがミス誘発

ヒール浮かせてトゥで打つ

絶対にミスが出ない10ヤード前後のアプローチ

ピンまで10ヤード前後の短いアプローチはミスが出やすい。ピタリと寄せたい、あわよくば入れてしまいたいという気持ちが強く、多くの場合、打つ前にすでに成果を頭で考えてしまうことが原因。こんなとき、悔しいミスを確実に防ぐのがパット感覚のアプローチだ。

ピンはすぐそこなのに、狙い定めて打った瞬間チャックリ。そんな苦い経験は誰にでもあるだろ

う。ミスの出やすい至近距離からのアプローチを成功に導く秘訣とは？。

「チャックリが出やすいのは、ピンまでが10ヤード前後と、決して長い距離ではないはずです。それなのにミスが出るのは、すぐそこにカップがあるからこそ。〝絶対に寄せたい〟という気持ちがかえってミスを誘発するのです。しかし、そんなときでも絶対にミスが出ないアプローチがあります。それはパターの要領で握り、構え、クラブのヒールを浮かせてトゥで打つアプローチ。この打ち方はライの影響を受けにくく、クラブのロフトの分だけ球を浮かせ、あとは転がしてピンに寄せる優れもののアプローチです」

クラブを替えて同じ打ち方をすれば、さまざまな距離や状況に対応できるのがこのアプローチの魅力。

芝逆目は8I、順目ならSW

「たとえばグリーン周りでピンまでは上り。ちょっとモシャモシャと芝が密集していてライが悪い状況などのときは、8番アイアンを短く持って、ヒールを浮かせて構え、ボールは少し中(右)に入れ、パットの要領で肩のストロークでヒット。ヒールを浮かせているので芝の抵抗を受けず、逆目でも簡単にボールを転がすことができます。逆にピンが近く速いグリーンでは、8番アイアンではなくサンドウエッジを持って同じことをすればよろしい。サンドなら柔らかいボールを打つことができるため、速いグリーンでも怖がる必要はありません」

なるほど、パットの要領なら、どんなに悪いライからでも致命的なミスは避けられそうだ。

「もし、もっとライが悪ければ、球を右に置いてハンドファーストに構え、コックを使ってクラブを上げ、上からちょんと叩くアプローチもお勧めです。こちらはヒールを浮かせず、フェースをかぶせ気味に構えるのがポイント。青木功プロのように6番アイアンでうまく転がす人もいますが、アマチュアは8番アイアンあたりが無難でしょう。あとは距離感をコントロールすることだけを考えればいい。距離はインパクトの強弱ではなく、振り幅の調整で行った方が、より確実です。アマチュアは、どうしてもテークバックを大きくし過ぎ、インパクトで緩めてしまう傾向がありますから、テークバックとダウンスイングの速度を一定に保てる程度のトップを心がけましょう」

これらのすべてのアプローチに共通するのが、〝左足重心〟で一連の動作を行うこと。これをしっか

優ポイント

右ひざ突っ込み注意

レッスンに明け暮れる日々を送っているため、近ごろ、自分でゴルフをする機会がめっきり減り、たまにコースに出るとショットはいいのにアプローチは散々というのが多々あります。特に10ヤード前後の短い距離は寄せたい一心、あわよくば入れてしまいたい一心でミスが出やすい。

平常心なら何でもないアプローチが、プレッシャーがかかったとたんガチガチに。これはアマチュアに限らずプロでもそう。聖志も試合でよくチャックリをやらかしています。彼の場合はダウンで右ひざが前に出るのが原因。ダウンで右ひざを、気持ち左ひざの方向に送るなら問題ありませんが、ボールの方向(前)へ突っ込んだらチャックリも出るしシャンクも出ます。感じを出し過ぎると右ひざが突っ込みやすいので、至近距離からのアプローチでは下半身はあまり使わず、最初から左足重心で打つよう心がけたいものです。

原因のほとんどが心理的要因によるもの。油断、ミスしたらという重圧感などが多い。

り頭に入れておくことがチャックリを未然に防ぐ最大、かつ最良のポイントとなる。

やんばるからの挑戦

一緒に楽しみ延長線上に夢を

親の高望みは、どこかで子供にプレッシャーを与える。ゴルフはもともと楽しみ、娯楽であり「それが苦痛に変わってしまっては続けられないでしょう。私は子供たちと一緒にとことん楽しんでやろうという気持ちが最初にあり、夢を追う気持ちはその延長線上にあった」と優さんはいう。

そのために親は複数の選択肢をつくっておくことが必要となる。最終的にゴルフの道に進めなかったとしても「ダメだったらこれでもいいじゃないか」という妥協点を見つけておくことだ。何よりもゴルフだけに懸ける親の期待を押しつけ過ぎて、子供の人生を潰してしまうことは避けなければならないことである。

ジュニアゴルファーたちはだいたい、親の指導で小学生低学年からクラブを握っているが、親は子供にかける将来的な夢を持っていたとしても、中学生までは「その可能性を探る期間」にしていた方がいい。親も冷静に子供の能力を見る目を勉強する必要があり、また、変に大きなプレッシャーをかけないほうが、逆に可能性は高くなるかもしれないのだ。

優さん自身、挫折があってここまできた。だから「こういう人生はよくない」と振り返る。「まるまるゴルフで青春をつぶし、ダメなときにポンと社会に出ても、いい一生にならない」には説得力があった。

短い距離のミス　アプローチに限らず、パットでも短い距離のミスはプロ・アマを問わず多く出る。

秘密17

バンカーは迷わずダフれ！

手前の砂を叩く体勢づくりで楽々脱出

バンカーからのショットは、まず脱出させることを最優先させることだ。砂の爆発とともにどうボールを舞い上げるか。そのためには、構えた段階からダフる態勢をつくっておくことが肝心。それがつくれれば、後は怖がらずに、大きくゆっくりと振り抜いていくだけだ。

バンカーに苦手意識を持つアマチュアは多い。

が、宮里流のちょっとしたコツをマスターするだけで砂からの脱出は劇的にやさしくなる。

「バンカー脱出の最大のコツは、最初から〝ダフるためのアドレスをつくる〟ということです。手前の砂を叩いて爆発させることで球も一緒に外にかき出すわけですから、ダフらせなければお話になりません。そのためには、ボールをクラブの最下点より前（左）に置くのが鉄則。目安としてはボール1〜2個分左に置くといいでしょう。こうしてダフる準備ができたら、スタンスをターゲットに対してオープンに構え、フェースは天井に向けるくらい思いきり開く。これで脱出成功は、ほぼ間違いありません」

迷いながらこわごわ打つから中途半端なショットになってしまう。最初から、どんな振り方をしてもダフるしかないという構えをつくっておけば、思いきってヘッドを打ち込むことができる。

「もうひとつ、アマチュアは球をすくいあげようとするから失敗する。砂の抵抗は思った以上にありますから、すくい上げようとすると砂に負けて脱出は不可能です。そうではなく、サンドウエッジの背中（バウンス）を砂に打ちつけるイメージでヘッドを入れ、勢いよくフォローまで抜いていくことが肝心。一度でスパッと出すためには、打ち込んでフォローを高く抜くという作業が必要です」

バウンスを生かす

サンドウエッジには打ち込んでも砂に刺さらないよう、ソールにバウンスがつけられている。そのバウンスをうまく生かすことがバンカー脱出には欠かせない要素だ。

「バウンスを有効に生かすには、バックスイングで手首を左手甲側に折る動作を入れるのがよろしい。通常のショットでは、トップで左手甲がど

やんばるからの挑戦

介入しても最後は本人の意思を尊重

長男の聖志は初めての子とあって、さまざまな面で〝親の介入〟を受けた。1977年（昭52）2月28日生まれ。優さんが30歳のときの子だ。29歳でゴルフの魅力にとりつかれていた父親は「この楽しいスポーツを家族でやりたい」と熱望、聖志には3歳のときにクラブを持たせている。

最初の子に対する子育ての試行錯誤は、宮里家に限らず、どこの家庭にも起こりうることだろう。体罰が過ぎて萎（い）縮してしまったこともあったが、優さんが表現する「棚から落ちてくるぼたもちをジッと待っているタイプ」は言い得て妙。いかにも沖縄生まれの長男らしく、おっとりした憎めないものを感じさせてほほえましい。

中学時代に九州ジュニアゴルフ界のトップクラスに立ち芽を出しはじめていた聖志の高校進学問題は、将来への分岐点でもあり、優さんも当然、真剣に取り組んだ。沖縄県内の学校か他県の学校か。最終的に大阪桐蔭高への進学を決めたのは聖志の希望だった。

結果としてそこでの3年間、聖志はゴルフ部で活躍する。「もちろん親の考えはある。しかし、岐路に立って大事なことは、最後は本人の気持ちでしょう」。優さんは、子供の意思を尊重せずにいい結果は生まれないとした。

のためといわれる。ここに入ったら、臆病にならず勇敢になれ、という格言さえある。

ちら側にも折れず、平らなことが球を真っ直ぐ飛ばすための条件になりますが、バンカーだけは例外です。コックを入れながらゆっくり、あわてずにバックスイングを上げ、トップで左手首を甲側に折り、フェースを思いっきり開けば、ダウンで背中から砂を叩きやすくなります。ただし、開いて下ろす分、距離は落ちますから、バックスイングは大きめに上げるのがポイントです」

フェースを開いた状態でボールの手前を叩ければ、いくらインパクトが強く入っても飛び過ぎる心配はない。

「テークバックはアウトに上げ過ぎない方がよろしい。オープンに構えているので、スタンスに沿って振るだけでクラブは自然とターゲットに対してアウトサイドインのカット軌道になります」

これをマスターすれば、グリーンを目の前にしてバンカーからバンカーへ渡り歩く最悪の展開はなくなるはずだ。

女王から“盗んだ”手首の使い方

優ポイント

1年ほど前、藍にとって一番の課題は距離の長いバンカーでした。藍はオーバースイングを嫌ってノーコックでスイングづくりをしてきたため、バンカーでも手首を使うことに抵抗があったのです。

いくら私が「バンカーショットではトップで手首を左手甲側に折ってもいいんだよ」といっても、遠慮してフェースをオープンにしきれない。ところが03年のニチレイでアニカのバンカー練習を間近で見て変化が起きました。

アニカは、私がいうようにトップで左手首を甲側に大胆に折ってフェースを開き、クラブを回すような感じでバウンスをうまく利用し、いとも簡単にバンカーショットを打ちます。それを見て「あれだけ手首を柔らかく使ってもいいんだ」と実感した藍は以後、見違えるようにバンカーショットが上手になりました。百聞は一見にしかず。女王の影響力は絶大です。

バンカーへの恐怖心 技術的には難しくないバンカーショットでミスが多いのは、潜在的な恐怖心

秘密18

パームで握ってボールは目線の真下
転がりがよくラインの出るパット

ショットではクラブが描くプレーンは斜めだが、それをパットでは、より垂直に近いものにしなければならない。そのために、①グリップはパーム、②ボールの位置は目線の真下、③ストロークは肩主導──が宮里流3原則。「パットに型なし」でも、守るべき基本をしっかりマスターしておけば確率はグンとアップする。

どんなにいいショットを打っても肝心のパットが入らなければ元も子もない。グリーン上でライバルに差をつけるためのパッティングの奥義は？

手首の余計な動きを抑える

「パットに型なし、入ればよし、という考え方は確かにあります。しかし理にかなった打ち方をすれば、それだけ入る確率が上がるのもまた事実です。まずグリップですが、これはショットとは違いパーム（手のひら）で握るのが

自分の利き目の下にボールを落下させ球の位置をチェックする

ストロークは肩主導で真っ直ぐ引いて、真っ直ぐ出す（上は聖志、下は優作）

基本です。両手を向かい合わせにしてグリップを左右から押さえ、両手のひらの中心にグリップを通す要領で握れば、ストローク中、手首の余計な動きが抑えられ、真っ直ぐクラブを引いて、真っ直ぐ出す準備が整います。左手の人さし指を伸ばす逆オーバーラッピングなら、なおさらフォローで手首が返りにくいので試してみる価値があると思います」

フィンガーではなくパームで握ることが、安定したパッティングのための第一歩といえそうだ。

「グリップのほかにもうひとつ重要なのは、ボールの位置。目線の真下に置くことがヘッドの芯でボールをとらえるための絶対条件ですから、練習のときは、常に自分の利き目の下にボールを落下させ、球の位置が体から遠くなり過ぎていないか、内側に入り過ぎていないか、をチェックしてください。目安としてはつま先とボールとの距離がパターヘッド1個半から2個分と覚えておけばよいでしょう」

イメージが大切

アドレスが決まったら次はストローク。宮里流では真っ直ぐ引いて真っ直ぐ出すイメージを大切にするという。

「アドレスのときにつくった両腕の三角形を崩さないよう、肩のストロークでボールをヒットしますが、イメージとしては、ヘッドを真っ直ぐ引いて、真っ直ぐ出す感じの方がよいでしょう。厳密にいうと、肩でストロークすればヘッドはテークバックでわずかにインサイドに入り、フォローもインサイドに抜けることになる。完全に真っ直ぐ引けるのは、ボールの前後10センチ程度といったところでしょう。しかし、イン・トゥ・インを意識すると、手首を使って打ちたくなるので、むしろストレートなヘッドの動きをイメージした方がボールの転がりはよくなるはずです。特にインパクト直後の10センチを低く長く出すことで、ボールの真芯をヘッドの真芯で押すことができ、転がりがよく、しかもラインの出るパットが打てるのです」

もちろん手首をコネるのは禁物。左手甲と右手のひらを真っ直ぐターゲットに向かって振っていくイメージが転がりのいいパットにつながるのだ。

入ればいいとしている。実際、最近のプロは使うパターの種類もさまざまで個性的だ。

優ポイント

垂直に近いプレーン

子供たちはプロになった今でも、パッティングが悪いときは、アドレスでボールから遠くに立っています。ショットでは目線の真下にボールを置くことはありえませんから、ショットのイメージで構えているうち、パッティングでも次第にボールから遠ざかってしまう現象が起きるのです。

が、ボールから遠くなれば、それだけヘッドの軌道はイン・トゥ・インがきつくなり、真っ直ぐ引いて真っ直ぐ出すのが難しくなるだけでなく、ヘッドの芯でボールをとらえる確率も減少します。

ショットではシャフトが描く斜めのプレーンをイメージしてクラブを振ればよろしい。しかしパッティングではより垂直に近いプレーンをイメージすることが大切。藍も優作も調子が悪くなると、必ず左目からボールを落とし、正しい球の位置をチェックしていますよ。

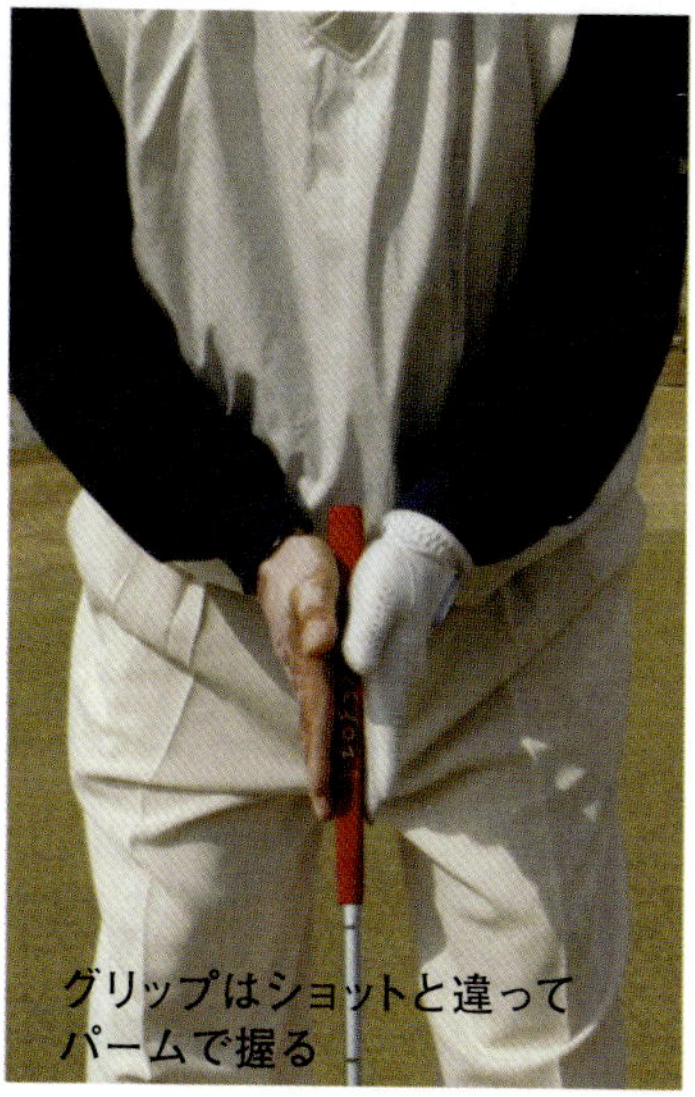
グリップはショットと違ってパームで握る

やんばるからの挑戦

失望しても親心忘れず

おっとり型の性格、感性と運の面に優れている聖志だが、大学時代はその性格が裏目に出ている。ゴルフで活躍した大阪桐蔭高から近畿大学に進学。将来のプロを目指して技術に本格的に磨きをかけたい時期だ。しかし、聖志はここでなまけた。そればかりか学業の方も単位不足で留年まで通告されてしまった。

苦しい家計の中から学費をやりくりし、仕送りを続けていた優さんはさすがに嘆いた。「会いに行ってみるとゴルフに取り組む姿勢を失っている。スイングも悪い」。長男のピンチはそのまま、夢を追う優さんの失望ともなった。

3兄妹はそれぞれ、南国の島独特の「ナンクルナイサ（なんとかなるさ）」の精神を持ち、それはゴルフに当てはめれば、ミスしても落ち込まず、次への気持ちの切り替えの早さなど長所に結びついている。しかし、このときの聖志は、浮上のきっかけさえ見つからず、どうにもならない状態だったという。

聖志は父親の勧めで沖縄に帰り、再出発することになるが、長男の挫折に際して優さんは「人生、全てが順風というわけにはいかない。ピンチもあり、そういうときの親は〝この子をつくってよかった〟と思う気持ちで接することを忘れないことでしょう」と話した。

パットに型なし スコットランドの古くからのことわざ。多くのゴルファーがこの名言を肯定、要は

秘密19

球筋はクラブの軌道で打ち分けるのが基本だが…

左向いてフェード 右向いてドロー

基本をひと通り学んだところで、応用編に移っていこう。この回は攻略に欠かせないドローとフェードの打ち分け方。球筋の打ち分けはバックスイングの線で行うが、アマチュアは構えた段階で目指す軌道が得られる体勢をつくっておくことがミスを防ぐポイントとなる。

失敗しないドローとフェードの打ち分け方のコツは？

「ドロー、フェードを打ち分けるためには、基本のスイングがしっかりできていることが前提です。私が教えるスイングづくりの基本はドロー。ドローはボールをつかまえる打ち方ですから、これがしっかり打てていれば、その応用としてのフェードも比較的簡単に打つことが可能でしょう。しかし、基本的なスイングの線が全くなっていない場合、球の行方は神のみぞ知る。そう覚悟していた方がよろしい」

いきなり厳しい言葉が飛び出したが、そもそも

聖志の後方で“バックスイングの線”をクラブを使って示す優氏

スイングの線が安定していなければ、どう小細工をしてもムダというわけ。曲がりの大きいただのフック、スライスではなく、狙った以上には曲がらないドロー、フェードを打つには、決して基本をおろそかにしてはならない。

やり過ぎないように

「球筋の打ち分けはバックスイングの線で行うのが、私はもっとも効率のいい方法だと思っています。しかし、意図的にバックスイングをインサイド、あるいはアウトサイドに上げようとすると、アマチュアはそれを大袈裟にやり過ぎて球の曲がりが大きくなり過ぎる。そこで、アドレスでドローならインサイドアウト、フェードならアウトサイドインの軌道になりやすい構えをつくっておくことが打ち分けを成功に導くコツ。ドローのときはややクロス（右を向いて）に構え、スタンスのラインに沿ってクラブを上げる。フェードのときは逆に少しだけ左を向いて構え、同じくスタンスに沿ってバックスイングを上げれば、基本的な動きは何も変えずにドロー、フェードを打ち分けることが可能です」

アマチュアの場合、アドレスの向きを大袈裟に変え、右(左)を向き過ぎて球筋が制御不能になる場合があるので、向きの調整は〝ほんのちょっと〟がポイントになる。

「インパクトでほんのわずかにフェースが開いて当たっても、逆に閉じて当たっても、200〜250ヤード先では大きな誤差が生じます。あくまでもスクエアを基本に、ほんの少し右、あるいは左を向くようにしていただききたい。どちらの球筋を打つ場合もフェースの向きは飛球線に対してスクエアでオーケー。あくまでもクラブの軌道だけで球筋を変えることがテーマです」

まずは練習場でどれくらい右(左)を向けば、どの程度球が曲がるのか、実際に体験してみるのが賢いやり方だ。もちろんバックスイングでクラブが常に一定の動きをするということが、球筋を自在に操るうえでの大前提になることを忘れずに。

優ポイント

兄妹の中でも、特に優作は、打つ前に球筋をイメージしただけで無意識に体が反応し、思いどおりのボールが打てるというほどの感性の持ち主です。しかし、それも基本のスイングの線がきちんとできていることが大前提。03年は彼のバックスイングの線に反復性が足りなかったため、球筋の打ち分けも今ひとつ物足りないものでした。

そこで私は感性に頼らず“バックスイングの線”でドロー、フェードを打ち分けることを優作に勧め、実践させたのです。アマチュアとは違い、アドレスの向きはあくまでもスクエア。そのうえでフェードを打つときはワッグルでクラブを外に上げるイメージを出し、アウトサイドインの軌道で振る。現在、優作のスイングは非常に良好。そろそろバックスイングの線も変えずにインパクトの瞬間、クラブをカットに入れるイメージを持つだけでフェードが打てるようになるはずです。

感性に頼らず“線”を意識

右向きに構える。スイングはインサイドからアウトサイドに、頭を残して振り抜く。

ドローボールの打ち方

フェードボールの打ち方

やんばるからの挑戦

3Iの弾道が希望を持たせた

沖縄に戻った聖志は、国頭郡本部町のベルビーチゴルフクラブに所属、研修生として一から出直すことになる。名護市内から車で約20分。海辺のベルビーチゴルフクラブは、途中のホールで瀬底島、海洋博記念公園などが見渡せる美しいゴルフ場だが、海から吹く強い風が難関。3兄妹に共通している風に強いゴルフはここで養成されている。

大学でなまけた聖志に対して別の進路も考えた優さんが“もう一度ゴルフを”のこだわりを捨てきれなかったのはただひとつ、3Iを打たせたときの高く、鋭い弾道だったという。後に優さんは「聖志は感性だけでプロになった」と振り返ったが、難しいロングアイアンをたくみに操る聖志の感覚に、潜在的な能力を見ていたのだろう。

出直しの日々は、当然だが楽ではなかった。お客さんが上がった後の練習。ボールを打ち、拾う。00年9月、聖志は2度目の挑戦でプロテストに合格するが、宮里家が、優さんが、夢として追っていたプロゴルファーの誕生は、やはり周囲の人たちの理解、励ましなくしてはなしえなかった出来事。優さん自身、夢を達成しても「忘れてならないのは原点」をしみじみと自分に言い聞かせている。

基本はドロー 宮里流の基本の球筋。まずこれをマスターすること。左グリップを深めに握り、やや

⑤

秘密20

誰でも打てる風の下を通す低いボール

手首を返して風を斬る!!

雨は苦にならないというゴルファーも、風の中のゴルフとなると大きくスコアを乱すケースが多い。沖縄生まれ、風と遊ぶ感性を身につけてきた宮里ファミリーの強みは、風を苦にしないことだ。風の下を通す低いボールはどう打つか。ポイントはインパクト後のフォローの出し方にある。

風が強い沖縄では、その影響を最小限に抑える

ショットを打てるかどうかがスコアメークに直結する。低く抑えるライナー性のボールをマスターするのが今回のテーマである。

「風に左右されない、低く抑えた球を打つ方法はいくつかあります。たとえばインパクトでフェースをかぶせヘッドをぶつけて打つ方法や、フェースの面を変えずにフォローを出す方法など。しかし、それらを実戦で使いこなすには、かなり高度なテクニックが必要です。そこで今回は、誰でも確実に球を低く抑えられる方法を教えましょう」

インパクトの強弱やフェース面の微妙なコントロールで低い球を打つのではなく、スイング全体の流れの中で風に負けないショットを実現できるのが宮里流の強みである。

「まずバックスイングですが、これは通常のショットと全く同じ要領でかまいません。事前に変えるのはボールの位置。通常よりもボール1個分中(右足寄り)に入れたらトップまではいつもどおり。そして、ここからがポイントですが、ダウンで思いっきり前腕のローテーションを利用してグリップを返し、フォローは低い位置で抑えて止めます。両腕が真っ直ぐに伸び、腕とシャフトが一直線になったところでスイングは終わり。ここからさらにシャフトを立ててしまうと球が浮き上がりますから、惰性でクラブが流れないよう、ここはビシッと低く抑えてください」

ボディーターン

一見〝そんなに返したら手首を使い過ぎでは？〟と思うほどダイナミックにグリップを返すことで、フェースは通常よりかぶった状態でインパクトを迎えることになる。だから低く抑えた球が打てるのだ。

「これを手だけでやろうとするとトップしやすいので、ダウンスイングは必ず下半身の力強いリードで行い、右ひざを左ひざに押し込むような感じで両脚を絞り込んでいかなければなりません。要は手打ちではなくボディーターンで低い球を打てばいいのです」

優ポイント

沖縄には一年中、強い風が吹きます。私は朝、目が覚めると習慣的に風をL・M・Sに分類するクセがあります。「今日はL（ラージ）だな」と思うと、低いフォローのイメージを鮮明にしてコースに向かいます。

我が家の子供たちも風の中のプレーは得意。01年に室蘭で行われた日本女子オープンでは、ものすごい強風の中、当時高1だった藍が5位タイに入っています。これはやはり生まれ育った環境のせい。小さいころから、台風の日には嬉々として表に出て、風に向かって球を打っては、どれくらいそれが押し戻されるかを遊びながら体感してきたその感性が今も生きているのです。

アマチュアもスコアばかりに一喜一憂するのではなく、ときには風の下に球をもぐらせたり、風に球をぶつけたり、感性を磨く遊びに熱中してもらいたいものです。

普段〝手首を返し過ぎない〟ことを心がけているアマチュアには、写真のように思いきり手首を返して振るのは難しいかもしれない。が、低く抑えたボールは〝手首を使わなければ打てない〟のだから、コースに出る前に必ず練習場でその（手

多くのプロは、風とのケンカを避け、味方につけて利用することを考えている。

首を返す）感覚を養っておきたい。
「ドライバーで低い球を打つときも同じです。ティーを低くしてボールを少し中に入れ、手首を返しながらフォローを低く出す。距離は多少落ちますが、風に負けない強い球で狙ったところにボールを運ぶことができます」
風がアゲンストの場合は2～3センチ短くグリップを握って打つと、より効果的だ。

手首の返し方の見本を示す優氏

やんばるからの挑戦

責任感と欲が出てくれば

プロとして先陣を切った聖志がツアーに本格参戦した01年は、弟の優作が日本アマを制覇、妹の藍もトップアマで活躍した。聖志の注目度もゴルフ一家、宮里3兄妹の長男として大きかった。この年、国内24試合に出場してトップ10入りが2回、翌02年も国内25試合に出場しトップ10入りが6回、全英オープンにも出場するなど2年連続シード権を獲得。しかし、初優勝を狙った03年は賞金ランク78位と不完全燃焼、04年のシード権を失っている。

長打力、アイアンのうまさなど技術面での評価は高い。一方、人が良過ぎる性格を指摘する声がある。優さんの厳しい指導により、礼儀正しさ、マナー面を徹底して叩き込まれてきた。が、勝負の世界、それだけでは勝ち抜けないとする見方だ。04年7月の日本ツアー選手権宍戸ヒルズカップで初日2位のチャンスも最終的に17位。課題は賞金がかかったプロの勝負と、優さんの持論である〝人格最優先〟をどうかみ合わせていくかだろう。

聖志は04年3月に結婚した。よき伴侶を得たことは大きな転機。ここから先は自分で開くしかない。「責任感が出てくると思う」と話す聖志の目標は、まずシード返り咲き。"ぼたもちが棚から落ちてくるのを"待つ〟のではなく〝取りにいく〟という欲が出てくれば優勝も近い。

秘密21

「フワッピタッ」難しいが一流プロの技に挑戦
ピンポイント「ロブ」の極意

アプローチショットの中にロブショットを1枚加えることで攻略の幅が大きく広がる。プロの試合でよく見られる、ボールをフワリと上げてピタリと止めるショット。宮里流の原則さえマスターしておけば、このカッコいいショットはあなたのものになる。

フェースを返さず

ボールをフワリとソフトに上げ、ピンそばにピタリと止める。フィル・ミケルソンら米ツアーのプロたちが見せるロブは、アマチュアもあこがれのショットのひとつだ。

「見栄えはいいが、ライによってはプロにとって

TOURSTAGE

も難しいのがロブショット。ベタッと芝が寝ていたり、ラフにボールが潜っていたら、もう少し確率の高い打ち方を実践した方がよろしい。が、ときには勇気を持って難しいショットにチャレンジするのもゴルフの醍醐味のひとつ。バンカー越えのライがいい状況などでは、果敢にロブに挑戦するのもいいでしょう」

まずは構えの注意点から伝授願おう。

「スタンスはオープン。フェースも開いて構えます。バンカーもそうですが、飛球線に対して開いて構えれば、小細工せず普通にスタンスに沿ってクラブを上げるだけで、ヘッドは（飛球線に対して）アウトサイドインの軌道を描くことになります。カット軌道で球を上げるというのがひとつ目のポイント。ふたつ目はスイング中、フェースを返さず、空に向かってクラブを抜くことです」

宮里流〝基本の30ヤードのアプローチ〟では、フェースを返してクラブをリリースし球足を使うパターンと、フェースを返さず空に向かって抜き、球を上から落として止めるパターンの2種類があったが、ロブショットは後者の応用型といえそうだ。

打ち急ぎは厳禁

「30ヤードのアプローチと違うのは、クラブの振り幅とスイングの速度です。ボールをソフトに上げる分、距離は出ませんから、バックスイングは目いっぱい大きく、フォローもそれと同じだけ大きく振らなければいけない。そして、これが肝心なのですが、打ち急がず最初から最後までゆったりとしたスイングスピードで振り抜くことが、ロブショットを成功に導く最大のコツです」

大きなトップをつくるとインパクトでどうしても力加減をしたくなるものだが、そうではなく、高いフォローを想定しそれに向かって最後まで振り抜き、通過点でボールをとらえることが大切。

「大きなスイングでゆっくり振る。ヘッドスピードを極力出さないことがロブショットの確率を高めます。途中でフェースを返してしまうと球が強く出てしまいますから、くれぐれもヘッドは返さ

ボールが浮いているときの方が成功しやすい。沈んでいるときは避けた方が賢明だ。

ず、ボールをフェース面に乗せてフワリと浮かせるイメージを持ってください」

どんなに高い技術を持っていても、イメージが貧困だとショットを成功に導くことはできない。事前に落としどころをきちっと決め、ボールが描く軌跡をイメージすることがロブショット攻略の第一歩だ。

優ポイント

1本のウエッジには100通りの使い方があるというのが私の持論。角度をほんのわずか変えただけで、俗にいう7色の球筋を打ち分けることが可能です。ロブはその中でも高度なテクニックを要しますが、実はバンカーショットとイメージはあまり違いません。

本文では大きなスイングでゆっくり振ってやわらかく上げる球を打つ方法をお話しましたが、バンカー越えでピンが手前、使えるグリーン面が狭い場合は、それこそバンカーと同様、クラブのバウンス(ソールについたふくらみ)を生かした打ち方を応用すればよろしい。コックを早めに入れてクラブを上げ、トップで左手首を甲側に折ってフェースを開き、バウンスを滑らせるようにスパーンと振り抜いて球を上げます。ただ、この打ち方は距離が出ません。そこを計算に入れて試してみてください。

やんばるからの挑戦

持って生まれた優れた“静筋”

二男の優作も、兄の聖志同様、3歳からクラブを握った。あくまで家族で楽しむゴルフが第一の目的。その延長線上にプロへの夢を描いていた優さんだが、優作のゴルフには、上達の過程で再三、目をみはることになる。父親として子供の将来の可能性を探る時期としていた中学時代、優作は2年時の94年、日本ジュニアで優勝した。プロへの登竜門ともいえるこの大会を制したことで、このとき、優さんは「ひょっとしたら…」という感触を得ている。

その期待は大阪桐蔭高に進学後、次第に確かなものとなっていく。3年時の98年に日本ジュニア(15〜17歳)を制覇。“高望み”を戒めていた優さんも、優作の才能を信じざるをえなくなった。

優作は二男坊らしく、幼年時はやんちゃで親をてこずらせたが、のんびり屋の聖志とは対照的に、とことん納得を求める負けん気の強い性格。だから、学校生活も優さんの指示どおり、学業、部活動、ゴルフと全てをやり通してきた。勉強も時間が足りないなら登校前の朝の時間を割くなど自立心が旺盛。優さんにいわせれば精神力、集中力などの“静筋”が「優れた子」。それがゴルフでの状況判断のよさ、決断力にも生きていた。

ロブの条件 ロブショットを選択するかどうかはボールの状態が大きく左右する。一般的にはラフなどで

秘密22

木の後ろからグリーンを狙う

左肩上がりで上を「越す」右足寄りで下を「抜く」

前方の障害物に対してボールを打ち分ける技術は実戦で欠かせないことだ。たとえば木の後ろにボールが転がって止まってしまった場合など。高く上げて越すのか、枝の下を通して低いボールを打つのかの状況判断とともに、最も大事なことは、決めた球筋のイメージを鮮明にし、高い、あるいは低いボールを打つための体勢をつくることだ。

木の下を抜くならアドレスでボール2個分右足寄り

木の上を越すなら肩のラインは左肩上がり

番手ごとに球の高さを把握

運悪く大きな木の後ろにボールが止まってしまった場合、ただフェアウェイに出すだけという選択肢もあるが、今回は一歩進んで、そこから直接、グリーンを狙う方法を伝授してもらおう。

「まず考えなければならないのは、自分がボールを上げて木越えでグリーンを目指すのか？ それとも木の下を抜いて狙うべきか？ の二者択一です。その際に判断材料となるのが、木からボールの距離とライの状態。あまりボールが木にくっついていたら上を狙うのは無理。が、ある程度距離もあり木越えが得策と判断した場合、一番のポイントになるのが肩のラインと目線です」

背の高い木を越すためには、普段か

ら各番手（クラブ）ごとに、どの程度球を上げることができるかを把握しておく必要がある。

「練習場で番手ごとの球の高さを把握することが大前提。そこからさらにボールを上げるための工夫が、肩のラインと目線を意識することなのです。球を上げたいとき、アドレスでは肩のラインを水平ではなく左肩上がりに構えます。すると、自然に体重は右。そして肩のラインに合わせ、顔と目線も斜め左上方に向け、球を高く上げるイメージを鮮明にします。右重心で構えていますから、テークバックでクラブはアップライトの軌道を描きます。インパクト以降は高いフォローに向かってアッパーにクラブを振り上げていきましょう。球の位置は真ん中でよろしい」

一方、木の下を抜いてグリーンを狙うためのコツとは？

通常のボール位置より、球2個分右足寄りに置きます。プロは6番アイアンで地を這うような球を打つことができますが、アマチュアはミドルアイアンでは球が浮いてしまうので、3番（または4番）アイアンがよろしい。アドレスでハンドファーストにし、フェースを立てて構えたら、コックを使って右腰までクラブを上げ、ダウンではそのコックを解いてボールをパチンと叩いて終わり。フォローは出さないでかまわんでしょう」

ボールを後ろに置き、ハンドファーストで構えるのは、ロフトを殺したいからにほかならない。

「ロフトがないクラブの方が下を抜くには好都合。3番アイアンではなくドライバーを持って同じ打ち方をするのも選択肢のひとつです。距離感を出すためには練習がものをいいますから、たまには思いきって木の陰からドライバーで下を抜く勇気を持ち実戦で試してみてください」

上げて木越えを狙うにしろ、木の下を抜いて攻めるにしろ、アマチュアにとって最も難しいのは距離感。技術的なポイントを押さえたうえで、距離感は練習と経験で補いたい。

原因が、ミエやうぬぼれによる無謀な高望みにあるとは、よく指摘されることだ。

優ポイント

宮里美香が持つ「驚異の冷静さ」

14歳で日本女子アマに勝った宮里美香ちゃんを私は小3～4年のころ、指導したことがあります。当時から驚くほどの冷静さを持っていましたから今回、タイトルを取ったのも全く不思議なことではありません。

そんな彼女が沖縄のある大会で南国特有のガジュマルの木の下にボールを打ち込んだことがあります。ガジュマルは枝を大きく左右に広げた特徴的な木で、美香ちゃんはそこから木の下を抜いてグリーンを狙わなければならなかった。そのとき、彼女が手にしたのがドライバーです。

普通はアイアンを選ぶところですが、美香ちゃんは冷静に最もロフトのないクラブを選び、パンチを入れてフォローを出さずに低い球を打ち、140ヤードを見事にエッジまで持っていったのです。14歳にしてビッグタイトルを獲得した彼女の武器は、この冷静な判断力だと思って間違いありません。

やんばるからの挑戦

2度のスランプは会話で脱出

ゴルフのスイングは自分で見ることができない分、スランプに陥るとどんどん深みにはまってしまうケースが多い。完ぺき主義の優作もこれまでに2度、スランプを経験している。

優作のスイングは“これがお手本”のように力強く美しい。優さんの「スイングは美しくなければならない」という持論に沿った指導とともに、優作自身の常に完ぺきを求める向上心、ものごとをキチッとやらなくては気がすまない性格がそこに表れている。その一方「もっといいものを探し求めることで今のいいコンディションを崩してしまうこともある」(優さん)という危ない几帳面さも持ち合わせている。

優作が初めてスランプに陥ったのは大阪桐蔭高時代だ。誰よりも飛んでいたボールが飛ばなくなった。診断に駆けつけた優さんが点検すると、右ひじを大きく開けた高いトップの形が崩れ、右ひじが脇についた低いトップの形、全体的にコンパクトなスイングに変わっている。これも当時、流行していたトップの形を追い求めた結果だった。2度目は東北福祉大時代。知らずにボールから離れて立っており不振に陥った。

ピンチはともに優さんの指摘で回避された。家族の会話としてのゴルフが、子供の成長とともに形を変えつつ、なお、親子の信頼関係を深めた例だった。

状況判断 適切な選択はまず、自分の腕前、限度を知ることで決定する。一般ゴルファーのミスの多くの

秘密23

ボディーターンでクリーンヒットは簡単!!

フェアウェイバンカーダフらず脱出

手打ちはNO

まだ距離が残るフェアウェイバンカーからのショットはやっかいなものだ。いかにダフらず、クリーンにボールをヒットするか。ともすれば手で合わせにいきたい状況にあって、宮里流はボディーターンを重視。ダフらないためにトップからのダウンは左肩リードを指摘した。

「頼むから入らないでくれ」と祈るような気持ちで放ったティーショットがバンカーへ。そんな経験は誰にでもあるものだ。しかし、ちょっとした発想の転換でフェアウェイバンカーの苦手意識が解消されるとしたら…。

「フェアウェイバンカーからはダフらず、ボールをクリーンに打つことが最重要課題です。そのためには球を後ろ目に置いて、手打ちではなく、ボディーターンで球をとらえることが大事。通常のフルショット同様、ダウンで右ひざを左ひざに向けて絞り込むように脚を送り、腕と体の一体感を保ってスイング。下半身をキチッと使ってクラブを振ることがダフりのミスを防ぐコツです」

手打ちはダフりに直結する。それはもちろんだが、フェアウェイバンカーに苦手意識を持つ人には、ある共通した特徴がある。

「ダフる原因は手打ちもありますが、もうひとつ、右手（利き手）でクラブを力任せに振り下ろそうとする人が多いですね。トップから腕力でクラブを引き下ろそうとせず、左肩でクラブを下ろすイメージで振るとダフりはピタリと解消されます」

　では、ボールが沈んでいたり、アゴが高いフェアウェイバンカーの場合はどんな工夫が必要なのか?。

「ボールが沈んでいるライからは、なおさらクリーンに球をとらえる努力が必要。それを達成するにはダウンでコックをほどかず、上からフェースをかぶせたまま打ち込む意識を持つのがよろしい。インパクトでフェースはかぶっていますが、打ち込めば砂の抵抗でロフトどおりのショットを打つことができる。しかもボールだけをクリーンにとらえられるので、球が沈んでいるときの特効薬です」

　バンカーからは、いかなる場合もすくい上げるのは禁物。ヘッドをやや鋭角的に入れて、球を確実にヒットすることが脱出への近道だ。

「アゴのあるバンカーの場合は、フォローを高く出していくことで、それをクリアすることができます。この場合も球を1個か2個分、右に置き、ヘッドがV字軌道を描くイメージでフォローを高く出す。高さを出せるクラブを選ぶことも大切ですが、フォローをどこまで持っていくかで、球の高低を操ることは可能。したがっ

優ポイント

スイングづくりにも最適

　大事な試合が間近に迫っているのにスイング調整をする時間がない場合、私は子供たちに8番アイアンを1本持たせ、フェアウェイバンカーから打つ練習を徹底的にやらせてきました。特にアマチュア時代の藍には、よくこの方法でスイングづくりをさせたものです。

　なぜフェアウェイバンカーから8番アイアンなのか？　それは、少しでもダフったり、スイングのバランスが悪かったりしたら思うように球が飛んでくれないからです。フェアウェイバンカーからはごまかしはきかない。逆にいうと球をクリーンにとらえる絶好の練習になるというわけです。

　以前に何度もお話ししましたが、子供たちが育った赤土のグランドでも同様の効果があります。厳しいライからの練習は、フェアウェイバンカーを攻略するだけでなく、アイアンショットの切れもよくするのです。

球の状態、アゴの高さなどを冷静に観察し、それに合ったクラブ選択が必要。

てフェアウェイバンカーから低い球を打ちたいときは、フォローを低く抑えればいいのです」

ティーショットがバンカーにつかまっても、もう恐れることはない。地に足をつけて左サイドでクラブを下ろし、ボディーターンで確実に球をヒットすればいい。

藍ちゃんのスイングをチェックする優氏

やんばるからの挑戦

ツアー参戦で経験と自信

中学2年時に日本ジュニアを制し、優さんに「ひょっとしたら…」と将来のプロへの希望を抱かせた優作は、高校3年時にも同大会で優勝。東北福祉大進学後は文字どおり“スーパー・アマ”の道をひた走る。大学2年時の00年から日本学生選手権3連覇、01年日本アマ優勝、01&02年の日本オープンでローアマ獲得。

と同時にプロの試合参戦も視野に入れ、00年は10月のブリヂストン・オープンで通算11アンダーの5位、11月の住友VISA太平洋マスターズでは、第3日にコースレコードの63をマークする爆発力も披露、最終日は最終組で優勝争いに加わる活躍を演じた。優作はこれらの経験を経て「(プロとの戦い)にどこまで耐えられるかの目標が、どこまで(スコアを)伸ばせるかに変わった」と大きな自信を得ている。

プロへの助走ともいえるこの時期、優さんはスコアを落とす最終日の戦い方を課題として挙げ、優作は4日間の試合運び、自分がやることの目的意識を明確にするなど、精神、技術両面でアマからプロへの切り替えを図った。02年12月26日のプロ転向宣言は、いきなりブリヂストンスポーツと破格の総合契約が発表されるなど、挫折から立ち直ってプロテストに合格した兄・聖志の道とはまた違った超大物、スーパールーキーの誕生となった。

脱出最優先　フェアウェイバンカーからのショットは、飛距離に気を取られがちだが、まず考えることは脱出。

秘密24

傾斜に沿って構えず上体は真っ直ぐが基本

左足下がりのライもやさしく攻略！

ナイスショットでもボールは落下地点を選んでくれない。第2打、あるいは第3打が傾斜地からという試練は日常的に起きる。とりわけ難しい左足下がりのライ。この1打をミスなくつなげられればスコアも縮まる。傾斜に沿った低いフォローを出すためにどう構えるか。それが宮里流のポイントとなる。

プロでも難題

ひとたびコースに出れば平らなライなどほとんどないのが現実。とりわけティーショットが左右にバラけるアマチュアにとって、傾斜地をどう料理するかは大問題だ。今回は傾斜の中でも特に厄介な左足下がりのライを攻略する方法を聞いた。

「アマチュアだけでなくプロにとっても左足下がりは難題です。球が上がりにくく、ちょっとしたことがすぐミスにつながりますからね。まず考えなければならないのは、大振りせずコンパクトなスイングで確実にジャストミートさせること。これは傾斜地全般にいえることですが、そのうえで左足下がりはフォローを傾斜に沿って低く出すイメージを持ちたいものです。

インパクト直後にヘッドを早く引き上げ、球を浮かせたくなる気持ちもわかりますが、それをやってしまうとトップのミスが出やすい。むしろ最初から低い球を打つ意識で、フォローを低く出した方が確率は上がります」

低いフォローを出すためには、アドレスにもそれなりの工夫が必要となる。

「傾斜に沿って構えなさい、というレッスンもありますが、私はそれには反対です。どんなに傾斜がきつくても上体は真っ直ぐに立て、地球に対して垂直に構えるのが傾斜地の基本と考えます。なぜなら傾斜に沿って構えた場合、回転の軸が斜めに傾いてしまう。ただでさえ前傾姿勢というややこしい体勢を取っているのに、そのうえ、軸が左に傾いたらスイングはますます複雑になってしまいます。肩のラインを傾斜に平行にするのではなく、地球に対して体を垂直に構えるべきです」

ひざで角度調整

上体を垂直に立てるには下半身での調整が必要。左足下がりの場合、右ひざを余計に曲げなければ上半身を真っ直ぐに保つことはできない。

「そのとおり。両ひざの角度を変えて構えればよろしい。体重はあくまでも左。でないとフォローを低く出せません。さらにスライスしやすいのを頭に入れ、構えはややオープン、ボールは少し中(右)に入れましょう。テークバックでは傾斜をなぞるようにクラブを上げ、インパクト以降も傾斜に沿ってクラブを抜く。これで厄介な左足下がりのライもやさしく攻略できます」

気をつけたいのがクラブ選択。傾斜の度合いにもよるが、インパクトでフェースがかぶりやすい左足下がりのライからは、思った以上に距

優ポイント

藍が試合中に傾斜から打っている様子を見て「今のはあと半個、球を右に置くべきだった」と注意したくなることがあります。左足下がりでは、球を中に入れるというのがわかっていても、いざその場面に直面するとボールを右に置ききれない。勇気が出ないのは、冷静になってボールと対話する心の余裕がないからではないでしょうか。

たとえば左足下がりの傾斜では、心の中でこんなひとり言を囁くことができれば上出来。「お前はいったいどこに飛んでいきたいんだい？　フム、フム。右にいきたいのか？　なら僕は少し左を向くよ」といった具合。冷静になってボールと対話すれば、ライが自ずとどう対処すべきかを教えてくれるものです。

厄介なライのときこそ、ひと呼吸置いてボールと対話する心の余裕が欲しいですね。

ミスを誘発されるケースは多い。まずジャストミート最優先。欲張りは禁物。

離が出やすい。

「確かにスピンがかかりにくい分、ランが出ます。ですから、勇気を持ってクラブを1番手落とす決断が必要でしょう」

クラブ選択を慎重に、上体を立てフォローを低く出す。これで厄介なライへの苦手意識が吹き飛ばせそうだ。

フォローは低く出してやることが肝心と、優作プロ(左)を相手に手本を示す優氏

求められる真のプロ意識

02年12月のプロ転向宣言後、優作のプロデビュー戦は翌03年1月、いきなり米ツアーの「ソニー・オープン」(米ハワイ州ホノルル=ワイアラエCC)となった。初日68を出した優作は予選を通過、最終的には通算4オーバーで72位に終わったが、優勝したアーニー・エルス(南アフリカ)、7位に食い込んだ日本の丸山茂樹らのプレーに接し収穫は大きかった。大会を終えて優作は「難しいコースで力を出しきらないとどうにもならない」と世界のレベルを肌で感じている。

同年は国内12試合に出場し賞金獲得額で04年のシード権を獲得。03年10月にプロ転向宣言した妹の藍が04年4勝を挙げる中、優作が今、最も欲しいのは優勝だろう。と同時に視野に入れているのが米ツアー参戦である。03年秋、04年の出場権を懸けた予選会にチャレンジ。第1次、第2次を通過したが、惜しくも最終予選で落選した。国内初優勝は再挑戦を表明している04年の予選会に向けての弾みにもなる。

プロの試合に出場したアマ時代、優勝戦線にからんだ最終日にスコアを落としてしまう原因を、優さんは「プロへの遠慮」と指摘した。その意味で「プロテストを経験してもよかった」ともいう。優作がいずれ勝ち取るだろう勝利は、真のプロ意識が身についたことの証明となる。

斜面ショット　日頃、練習場で平らなマットからのショットに慣れているためにコースに出たとき、傾斜で

秘密25

左足上がりのライはフェースに乗せて運ぶ

2番手大きなクラブで右肩落とさず、左ひざで調整

傾斜地からのショットの中でも難しい左足下がりのライを克服した後は、左足上がりのライのコツをつかもう。ボールの前の傾斜が上がっている分、いやな感じを受けるが、左足下がり同様、傾斜に沿ったフォローが取れる体勢をつくることがポイント。それができたらコンパクトなスイングでジャストミートを心がけることだ。

アップダウンの多い日本のコースでは傾斜地攻略は必須科目。左足上がりのライにはどう対処したらいいだろうか？

「左足上がりの傾斜からは2通りの打ち方が考え

られます。まず傾斜にヘッドをドンとぶつけ、フォローは取らずに打つ方法。次に傾斜に沿ってフォローを出し、球をフェースに乗せて運ぶ方法。前者はプロがよくやる打ち方ですが、当たり外れがあり、距離感を出すのが難しいため、アマチュアには後者の打ち方がお勧めです」

傾斜に沿ってフォローを出すためには、左足下がりと同様、アドレスでどう構えるかが重要なポイントとなる。

「上半身はあくまでも地球に対して垂直に立てる。それを可能にするために、下半身は両ひざの角度を変えて構えなければいかん。具体的には左ひざを余計に曲げて調整を行えばよろしい」

左足上がりのライでは、右肩を落として構えがちだが、そうではなく、肩は地球に対して水平に保つのが正解。

「傾斜に沿って右肩を下げ、さらに右足重心で構えるアマチュアは多い。が、それでは、ただでさえ球が上がりやすいライから、ますます球を上げ、距離を極端にロスすることになりかねません。右肩は落とさず、右重心はさほど意識せず、自然にバランスよく構えたい」

2番手大きなクラブで

傾斜地では体重移動は必要ない。下半身を安定させコンパクトなスイングでジャストミートを心がけるのが攻略のカギを握る。

「球を右足寄りに置き、コンパクトな振りでボールをとらえたら、フォローは傾斜に沿って低く出すイメージがいいでしょう。ヘッドが傾斜にぶつかって突っかかってしまってはいかんが、そうならない程度、ギリギリのところを通す。こうすればインパクトを点ではなく線にすることができます。球をフェースに乗せターゲットに向けて真っ直ぐ運ぶことが可能です」

ただし、傾斜ではクラブのロフトが寝やすいので、

のフェース面が変わってくるため。傾斜度によって番手を変える注意が必要となる。

やんばるからの挑戦

ゴルフよりもピアノを…

優さんは長男の聖志、二男の優作に、いずれも3歳からクラブを持たせた。まず家族で楽しむゴルフ、その延長線上にプロの夢を描いてのものだったが、長女の藍に対してその考えはなかった。

1985年（昭60）6月19日生まれ。当時の国内女子プロゴルフ界は涂阿玉が全盛で大迫たつ子らが競りかけていたが、女性の幸せを結婚、家族に求めるならそのイメージからは遠く、優さんは「ゴルフをしていて結婚しない、家族も持たない、それで終わりというのはどういうものか。娘にそういう人生を味わわせていいものか」と思った。2人の兄とは違う道をと考えたのは、親心として当然だったかもしれない。

藍が3歳から習いはじめたのはピアノだ。「普通に勉強して、音楽を習って、先生になって、結婚したら家庭で子供にピアノを聴かせられるお母さんになって欲しい。そこに喜びがある」と優さん。しかし、週末になると両親、兄2人がゴルフに出かけるのを見てはジッとしていられない。藍も「やるやる」と駄々をこねてその輪に加わった。

小1で初めて9ホールを回ったが、優さんは「あまりうまくなってくれるな」の心境。しかし、ノンビリ屋の聖志と几帳面な優作を足して2で割った藍の性格はある意味、最もゴルフ向き。次第に優さんの願いを裏切る？進歩を見せていく。

クラブ選択には注意が必要となる。

「普通の平らなライから打つときより2番手大きなクラブを持っていいでしょう。さらにロフトが寝やすい分、少しクラブをかぶせ気味に構える。左足下がりのライに比べて難易度は下がるかもしれませんが、左ひざを余計に折って土台を安定させ、上体を立てて構えるのは案外難しい。機会があれば練習場で左足を台に乗せて構える練習にトライしてみてください」

どちらにしろ、事前に球が描く放物線や（アプローチの場合）球の落としどころをイメージしておくことが、傾斜地からのショットを成功に導くことを忘れずに。

優ポイント

最近〝ゴルフはイメージだ〟という思いを強くしています。先日、藍が出場した全英女子オープンで、アニカ・ソレンスタム選手のこんなプレーを目にする機会がありました。

2日目の最終ホール。アニカは第2打をグリーン手前のアゴのある難しいバンカーに入れたのです。と、彼女は手刀で砂を切るジェスチャーを何度も繰り返し、それからヘッドに手刀と全く同じ動きをさせ、見事脱出に成功しました。メカニックを意識してクラブの動きや体の動きをチェックするのではなく、手刀でイメージを出すことのほうがずっと有効なのをアニカは知っているのです。

基本は基本として筋は通さなければいけません。しかし、傾斜地やバンカーなど応用編では、ときには基本を度外視してイメージを先行させることも大切。ゴルフはイメージ。ときにはイメージが技術をしのぐこともあるのです。

距離感　斜面からのショットのとき、平らなライで打つときの飛距離に増減が加わる。構えによってクラブ

秘密26

上下動は厳禁 格好つけずに手打ちで!

前下がりのライは〝がに股打法〟で脱出

斜面からのショットの中でも前下がりのライは特に厄介だ。クラブとボールの距離が遠くなるうえ、構えてからもバランスが崩れやすい。こんな難関をどう克服するか。そのための絶対条件はスイング中の上下動禁止。宮里流は、下半身を固定する〝がに股打法〟と〝手打ち〟を脱出ポイントに挙げた。

球が左に飛びやすいフッカーにとって、前下がりのライは避けて通れない難関だ。〝プロにとっても厄介なライ〟という前下がりからのショットを克服するカギを握るのは?。

「普通に構えるとボールにクラブが届かない。そんな難しい前下がりのライからは〝がに股打法〟がお勧めです。スタンスを広めに取ってグッと腰を

前下がりのライで「がに股打法」を
披露する優氏
スイング中の上下動を抑え、低い
姿勢でボールを打とう

確実なところに運ぶ

優ポイント

プロレベルになれば、ときとして難しいライからも果敢にグリーンを狙う勇気が必要。たとえばパー5でティーショットがクロスバンカーにつかまっても、フェアウェイウッドで（グリーンを）狙う積極性を藍は海外（全英女子オープン）に行って学んできました。

しかし、アマチュアは自分が置かれた状況を深く考えず、無謀な挑戦に挑み過ぎる傾向が強いように思います。前下がりの斜面、しかも、グリーン手前には池が待ち構えているというのにフェアウェイウッドでピンを攻める。失うものは何もないチャレンジャーの振る舞いにしても、これはいささか無謀すぎます。

手打ちで処理しなければならない前下がりのライからは、ショートアイアン（これが限界）で確実なところに運ぶのが最善策。これがコースマネジメントというものです。

お手本ショットを見せる優作

落とし、がに股にして下半身を安定させるのが成功のための第一歩。あとは下半身を止めて手打ちで処理するのが攻略のコツです」

がに股というくらいだから両ひざは全開すべし。重心を低く構えることでクラブをボールに届きやすくさせるというわけだ。

「ひざが中に入った内股の構えや、インパクト前にひざを送ったりしたらミスショットを覚悟しなければいかんでしょう。ミスの中身はほとんどがトップ。スイング中、両ひざの角度を変えずに上下動を抑え、少々不格好だが、低い体勢でボールを打つ。まさに〝がに股打法〟という言葉どおりのスイングが窮地を救うのです」

基本のショットでは、ダウンで右ひざを左ひざに向かって締め、両股を絞りながらボディーターンで球をとらえるのが理想だった。しかし、これを前下がりのライでやろうとすると思わぬ悲劇が生まれる。

「ひざを送るとダウンでフェースが開き、シャンクすることがあります。それを避けるためにも〝がに股〟を保ったまま振るのがよろしい。スタンスを広く取るのは上体が早く起き上がるのを防ぐための工夫です。重心は低く、がに股の状態で体重移動は行わず、小振りの手打ちでサッと払い、フォローでヘッドを低く抑えれば前下がりのライも怖くありません」

グリーンを狙わず

いくらがに股で踏ん張っても〝手打ち〟という特殊な打ち方を長いクラブで実践するのは難しい。

「プロはユーティリティでうまく前下がりを攻略する力と技術があるが、アマチュアは5番アイアン

カット気味に入るから。反対に前上がりからはクラブがかぶるためフック系となる。

でさえ難しい。手打ちができるのはショートアイアンが限界です。欲張ってグリーンを狙うのではなく、バンカーや池を避け、平らな安全地帯に運ぶマネジメントを心がけていただきたい。前下がりで完ぺきなショットを打てるのは、せいぜい8番か9番アイアンまででしょう」

もうひとつ、覚えておきたいのが、前下がりのライからは右に球が飛び出しやすいということだ。

「右に飛ぶ分を計算して最初からターゲットの左を向いて構えることが大事。右に飛ぶ度合いは、傾斜と自分の力量に相談すればよろしい」

前下がりの傾斜につかまったら格好をつけず、迷うことなく〝がに股打法〟で脱出だ

やんばるからの挑戦

中学までは学校行事を最優先

藍は中学生になってめきめきと頭角を現わす。1年時の98年から沖縄県女子アマ選手権で2連覇を達成、98年の世界ジュニアでは5位に食い込む健闘を演じた。3年時の00年には日本ジュニア（女子12～14歳）で4位に入っている。県内敵なしから日本、さらに世界への助走はこの時代にスタートしているが、一方、まず学校最優先という優さんの方針を受けて、部活のバスケットボールに汗を流し、生徒会活動、勉強に精を出し、ゴルフの練習は学校が終わった後からと、2人の兄同様に中学校生活を満喫している。

子供の成長を見守る過程で「中学生まではその可能性を探る期間」というのが優さんの持論。早まった親ならここでゴルフへの大きな期待、筋力トレなども考えはじめる時期となるが、優さんはあくまで学校行事を最優先させ「今はその中で自然につくられる体力で十分」と手をつけずに見守った。

聖志と優作は殴られて育ったが、女の子の藍はほめられて育った。短所をけなすより、長所をほめることも、やる気を起こさせるという意味で欠かせないという優さんの方針。才能を感じても、無理せず自然にのびのびと育った藍が、この時期に養ったのは、後のゴルフで大きな武器となる感性だった。

打球の変化 前下がりのライからの打球はスライス系となる。下半身を固定、手打ちのため、クラブが

秘密27

前上がりのライはシャフトを握るくらいで！

欲張らず手打ちで安全圏へ 気持ちの切り替えが大切

アップダウンの多い日本のコースで、スコアメークに欠かせない傾斜地の攻略をレッスンしてきた。左足下がり、左足上がり、前下がりと続き、今回は前（つま先）上がりにスポットを当てる。

他の3つの斜面同様、下半身をどっしりと安定させ、体重移動はなしの手打ちが基本。欲張らず、まず次の条件のいいライにボールを出すことを最優先させることが成功のコツだ。

「ボールが足元より高い位置にある前上がりでは、まずグリップを短く握るのが最大のコツです。傾斜がきつくなれば、グリップといわずシャフトを握るくらいの勇気を持ってかまいません。普通の

長さにクラブを持って構えると、ボールから遠くに立つことになります。遠くなれば当然、脇が開き甘くなる。脇を締め、体の近くにクラブを通す方が軌道は安定しますから、クラブを短く握るのは必然なのです」

手首を返さず

こんなに短く握ってもいいの？　と思うくらい、大胆にクラブの長さを調整することが前上がりのライを攻略するポイントだ。

「そのうえで他の傾斜と同様、下半身をどっしり構えて、スイング中は体重移動を行わず、手打ちでサッと打つのがよろしい。球の位置はやや右寄り。ライが悪いときは、ボールをやや中（右）に入れた方がミスは減らせます。傾斜地で格好のいいスイングは必要ありません。不格好でもいいから、確実にヘッドをボールにコンタクトさせることを考えてください」

前上がりでは当然、球が左に飛びやすい。最初

からターゲットより左に飛ぶことを計算に入れ、右を向いて構えるのが正解だが、必要以上に球を左に曲げないために、考えておかなければならないことがあるという。

「手首をなるべく返さないのが引っ掛けを防ぐ。つまり、必要以上に左にボールを飛ばさないために一番大切です。前上がりのライでは、普通に打っても球は左に飛びやすい。これは誰もが経験で知っているはずです。もしそこで手首を返せばその傾向はなお顕著になります。さらにインパクトでフェースがかぶってダフリの原因にもなりかねない。そうならないためにもスイング中、手首はなるべく返さず、フォローを長く出すイメージを持っていただきたい。バックスイングも大振りしないで、クラブが体に巻きつくような感じにフラット

優ポイント

平坦なライからはそれなりのショットが打てるのに、傾斜だとダフリ、トップ、引っ掛けとミスのオンパレード。そんなアマチュアは多いものだ。難しいライに遭遇すると、冷静なつもりでも頭の中がパニックになり、早く処理してしまおうと焦ってタイミングが早くなり、ミスにミスを重ねるというパターンが多いようです。

トラブルに陥ったとき、まずやらなければならないのは、当然ながら冷静になることです。1つのミスは仕方ない。パー5なら2つのミスまでならパーセーブは可能だし、パー4なら1つのミスは許容範囲。悪いのは雪だるま式にミスを重ねることです。ひとつ前のミスは忘れ、気持ちをスパッと切り替える。苦手な傾斜につかまったら、大きな深呼吸をひとつして頭の中をクールダウン。焦らずゆったりクラブを振りましょう。

下がり、近くなる前上がり。この距離をスイング中、一定に保ち続けることが大切だ。

な軌道で上げるのがよろしい。手打ちのスリークオーターで対処する、と覚えておいてください」

スライスに悩まされ、毎回フェアウェイ右サイドの前上がりのライを渡り歩かざるをえないアマチュアにとって、このライ攻略は悲願。傾斜攻略のヒントを参考に、たとえパーオンは無理でも、せめて前上がりの傾斜からは確実にピンを狙える平らなライまでボールを運びたいものだ。

やんばるからの挑戦

自立心が生んだ考えるプレー

8月の日本ジュニアで女子15〜17歳の部を制した佐藤のぞみ(16)=東北高2年=は、「目標とする人は?」と聞かれて迷いなく「藍先輩」を挙げた。沖縄から東北高に進んだ藍は、3年間で後輩たちの目標になりうるだけの実績を残した。優さんにいわせれば「それは当然のこと」で「中学時代は学校生活の合間を縫ってのゴルフ。高校のゴルフ部で練習環境が整えば腕前が上がるのは当たり前」と淡々と受け止めている。

優さんは長男の聖志、二男の優作を大阪桐蔭高、長女の藍も東北高と、3人とも中学卒業後に親元から離している。“寂しかったのでは?”の問いに「とんでもない。せいせいした」と笑う。優さんには、親元を離れ、他人の飯を食うことで人間の幅を広げてこい、の気持ちがあった。その期待に最も応えたのは藍だろう。自立心は「考えるゴルフ」を生み、高校3年間、全国高校選手権、東北女子アマ選手権、日本女子オープンのローアマなどタイトル総取りの活躍。3年時の03年は日本女子アマ、日本ジュニア初制覇でプロへの加速をつけた。

その年の9月、ミヤギテレビ杯で30年ぶりに史上2人目のアマ優勝を達成。10月のプロ転向は、複数の選択肢があった中、優さんの「人生は帆掛け舟。流れに乗っているときは乗ろう」の決断によるものだった。

球と体の距離 サイドヒルではボールと体の距離を考えることが大きなポイントとなる。遠くなる前

秘密28 手首を返さず下半身を使ったボディーターンで
ディボット脱出は上から叩く

コースの中ではさまざまな状況に出合う。フェアウェイに運んでもディボット跡に入り込んでいたり、林の中に打ち込んだらベアグラウンドの上だったりすることはよくあることだ。そんなとき、打ち方の原則さえ覚えておけば怖くない。宮里流の脱出法は「ボールを右に置いで上から叩く」がポイントだ。

せっかくのナイスショットがセカンド地点に行ってみると打球は見事にディボット跡の中。そんな悲しい経験は誰にでもある。しかし、悔やんでばかりでは能はない。ディボット跡から確実に脱出する方法を聞いた。

「よりによってこんなところにディボットがあるとは…と嘆いていては先に進めません。〝打てるところにあるからいいさ〟と割りきることが大事。気持ちをサッと切り替えたら、次はボールを叩いて脱出させる準備を整えましょう。肝心なのはアドレス。ボールを真ん中より2〜3個分、右足寄りに置き、重心は左にかけます。グリップをターゲット方向に出すハンドファーストに

ボールを右に置いて上から叩く
脱出法を示す優氏

ライの悪い所でも同じ要領で

さすがはプロ！　優作は左打ちでも簡単に…

構え、バックスイングはクラブをシャットに上げ、上からポンと打ち込めばそれでよろしい。フェースを開いてテークバックすると払い打ちになり、トップのミスが出ます。フェースが常にボールを見るような意識で閉じながら上げましょう」

払い打ちはダメ

払うのではなく、上から叩いて押し出す。それがディボット跡のような悪いライを攻略するコツだ。

「テークバックでフェースを開きながら上げるのも禁物ですが、アドレスでオープンに構えたり、途中、手打ちになったり、手首を返して打とうとしてはミスが出ます。上からボールを確実に叩くためにはスクエアかややクローズに構え、フェースを閉じて上げ、ダウンでは両ひざを締め、下半身を使ったボディーターンでボールをとらえたい。下半身を使わないで手打ちになったり、途中、手首を余分に返したら、ダフってクラブが抜けないので要注意です」

やんばるからの挑戦

成功もミスもしっかり把握

04年から本格参戦したLPGAツアーで藍は3勝を挙げた。開幕戦のダイキンオーキッドでいきなり、プロ初優勝を飾ったことが活躍の原動力。藍自身はここまでの戦いを「勢いだけで来ていると思ってます。まだまだ不動（裕理）さんたちとは技術でかなわない」と自分の力を分析した。

しかし、その考えは海外メジャー初挑戦となった7月下旬の全英女子オープンを経て大きく変わりつつある。この大会、パットが合わず予選落ちしたが、優さんは「普通、パットが悪いと必ずショットに響いてくる。しかし、藍は最後までショットを崩さなかった」と振り返る。それは藍にとって大きな収穫だ。「パットは仕方ない。でもショットは維持しよう」と考えたことを大舞台の戦いで冷静にやり遂げたのだから。

藍の優れた点は、自分がしてきたプレーをしっかりと説明できることだ。成功もミスもある中、何を目的にこうしたということを語れる。だからズルズルとした不振に陥らない。常時トップ10入りのカギはこのあたりが握っている。

全英女子オープン後、藍は優さんに「（海外で）やれる自信がついた」と話した。優さんは「焦らなくてもいい」と急がないが、来季以降の海外進出が楽しみな成長となった。

グリップが左方向に出る構えとなる。球の位置が右になれば度合いはさらに深まる。

この打ち方は、ライの悪いところ、たとえばベアグラウンドからのショットなどにも応用が利く。「ベアグラウンドでも球を右足寄りに置いて上から叩く打ち方は有効です。また、木の根っこの近くやバンカーの縁などスタンスが取りにくい場所でも、この打ち方を応用できます」

木の根っこの近くにつかまった球をプロが左打ちで対処する場面を目にすることがあるが、アマチュアには難しい。

「スタンスがとれる状態かなどを見極め、ボールを思いきって（飛球線から）右足の後方50〜60センチに置き、手首のコックだけでクラブを右腰の高さまで上げ、上からパチンと叩いて終わり、という打ち方を試していただきたい。この方法ならピンチも簡単に脱出可能です。フォローは出さなくて結構。上からパチンで完了です」

ライが悪いときの大原則は、球を右に置いて上からボールを叩くこと。これを覚えれば慌てることはない。

優ポイント

左重心を忘れずに

教えることばかりに一生懸命で自分のゴルフがおろそかになっているせいか、たまに研修生とコースに出ると細かいショットのミスが多い。ディボット跡しかり、ベタピンに寄せて当然のアプローチしかり。実戦から遠ざかってもショットはすぐに勘が戻りますが、細かいものほど難しい。最近はチャックリ病を患う始末ですから情けない限りです。

しかし、ミスの原因は案外、何でもないところに潜んでいるもの。ライが悪いのにボールを後ろではなく、真ん中に置いていたり、重心を左ではなく真ん中にかけていたり…。実際にクラブを振る作業以前にミスの要素を排除できずにいるのが現実。ディボット跡も左重心でボールを右に置き、ハンドファーストに構えて打てば最低限、花道までは運べるはず。特に左重心を忘れるアマチュアが多いので注意してください。

ハンドファースト　アイアンには打球の方向を正確にするプル角度があり、正しくセットすれば自然に

秘密29

フックは右端から スライスは左端から

“ティーグラウンドの持ち球別”活用法

ホール攻略はティーグラウンドから始まる。あなたは無造作に立ってボールを打っていませんか？　ホールのレイアウトによって、持ち球によって、立つ場所、狙い方は微妙に変わってくる。打つ場所を唯一、選べるティーグラウンドを有効に使わない手はない。

“フェアウェイを斜めに使え”と教えるレッスンは多いが、はたしてその真偽のほどは？

飛球線と肩は平行に

「ティーグラウンドの使い方を論じる前にひと言注意しておきたいのがアドレスの向きです。アマチュアの80％以上が右を向いているといっても過言ではありません。ボールとターゲットとを結ぶ飛球線と肩のラインはどこ

アマチュアの多くは右を向いてアドレスしていると語る優氏

ボールと肩のラインはどこまでも平行に保つ。それを前提に球筋別のティーグラウンドの使い方を覚えよう

までも平行。決して交わってはならないのだが、アマチュアの多くは肩のラインを直接、ターゲットに向けるため、最初から右を向いて構える人があまりにも多い。まずは飛球線とスクエア（平行）に構える基本をもう一度、復習してください」

飛球線と平行に立つには（秘密④で学んだ）左足直角の原理を採用するのが一番。目印のないコースでもターゲットに対してスクエアに構えることを大前提に球筋別にティーグラウンドの使い方を教わろう。

「よく聞かれるのがフェアウエイを斜めに使った方がいい

のか？という質問です。その問いに対する私の答えは〝ノー〟。プロならばフェアウェイを対角線に使うことも可能ですが、アマチュアはフェアウェイを真っ直ぐ平行に使う方がずっとやさしい。持ち球がフック系の人はティーグラウンドの右端に立ち、スライス系の人は原則、左に立ってフェアウェイを平行に使うといいでしょう」

視覚の恐怖感薄れる

左が怖いフッカーにとって左サイドにOBがある場合など、ティーグラウンドの左端に立ち、右を狙って対角線に構えたいところだが…。

「それもひとつの方法ですが、アマチュアはほんの少し右を向いたつもりでも、右を向き過ぎるクセがあります。すると余計フックの度合いが強くなり、せっかく対角線に狙ったのにOBの餌食になるという悪循環が起こります。左にOBがある場合、右端に立てばOBは背中方向ですから視覚的な恐怖感が薄れる。それにフェアウェイに平行に立てば、その（フェアウェイの）幅全体を使いきることが可能。スライサーは左端に立ち、その逆をやればよろしい」

では持ち球が決まっていない人はどうすればいいのか？

「その日によって曲がる方向には傾向があるものです。それをスタート直後の3ホールで把握して対応すればいいでしょう。それからもうひとつ注意しなければならないのがティーグラウ

藍はティーグラウンドの中央に立つ

の辺は2つのティーマーカーの外側の線で決める。球は区域内に置くことが原則。

ンドの微妙な傾斜。ティーグラウンドに上がってしまったら傾斜はわからないので、上がる前にどの辺が平らかを確かめ、なるべくいいライを選んで構えてください」

ティーグラウンドは必ずしも平坦ではないと肝に銘じておくのもミスを最小限に食い止める方法だ。

優ポイント

スタンスの向き変えて球筋矯正

ゴルフは逆説のスポーツです。右を向いて構えればボールは左に飛ぶし、その逆もまた然り。球が左に行くからといって右を向き過ぎると、クラブが描くインサイドアウトの軌道が極端になり、ますますボールが左に曲がる現象が起こります。

だからフックに悩んでいる人は思いきって左を向いて打つ勇気を持つ必要があります。いきなりコースで左を向くのが怖ければ、まずは練習場でトライすればいいでしょう。オープンに構えスタンスに沿って振れば、クラブはアウトサイドインのカット軌道を描くので、球はそうそう左へは飛びません。このようにスタンスの向きを変えて球筋を矯正する方が、左を怖がって右を向くよりずっと合理的。フェアウェイを平行に使いきるためには、思いきって発想を変え、球の曲がりの度合いを小さくすることが先決です。

やんばるからの挑戦

きずなを強めた家族の輪

3人の子供たちがそろってプロとなり「ホッとしているのは私自身です」と優さんは表情を和らげた。それはそうだろう。29歳のときに現夫人の豊子さんにゴルフの手ほどきを受け、その面白さ、深さにはまり、今度はそれを子供たちに教えた。あくまで家族のコミュニケーションを目的とした楽しみのゴルフ。プロへの夢は、決して欲張らず「できるなら」と、その延長線上に置いてきた。

だから「ここまで来れたのは非常にラッキー、幸運だった」という。村長選落選後の苦しい生活の中、もうゴルフは無理と何度思ったかわからない。しかし、窮地にあってくじけそうな優さんを支え続けたのは家族の輪だった。

優さん自身、少年時代を振り返り「貧乏が全員一緒に行動するという家族のあり方を生んでいた。絆は自然に強まったと思う」という。それが沖縄の家族の形なら、優さん一家もそれを継承。信頼と誇り、そして努力でここまで来た。

3人の子供たちに向けて「これからはまた、新しい努力を重ねて一人前になっていくことだ」と優さんはいう。プロという世界でその努力は並大抵のものではないだろうが「私もコーチ役として成長を見守る。楽しい一方、苦しみの方が大きくなりそうだね」と優さん。喜びも苦しみも家族全員で分かち合う姿勢は貫かれている。

ティーグラウンド　ホールのスタート場所。2クラブレングスの奥行きを持つ長方形の区域。前方と横

秘密30

フェースをかぶせてボールの真下にクラブの歯を届かせる

〝ヘッドをドスンで目玉〟も怖くない

バンカーにつかまったボールが〝目玉〟だとわかったときは絶望的な気持ちになる。砂の中に埋まったボールをどう打てば脱出させられるか。そんなとき、気持ちに負けてはいけない。ポイントはボールの真下にクラブの歯を届かせること。そのためのセオリーさえ身につけておけば怖くない。

バンカーに苦手意識を持つアマチュアは多い。まして目玉につかまったら目も当てられない、というのが本音なのでは…。目玉を攻略する秘策はあるのか？

「もちろんあります。目玉といっても恐れることはありません。私はロフトのないパターで脱出させることもできますよ。要はボールの真下にクラブの歯を届かせること。それができれば目玉は怖

◀手首に角度をつける

くない」

ではボールの真下に歯を届かせるにはどうすればいいのだろう。

「通常のバンカーでは、ボールを左足の前に置いて手前の砂を叩き、わざとダフらせて脱出しますが、目玉の場合は体の中心で構えてヘッドを上から打ち込むのが正解。だからボールはスタンスの真ん中にセットします。もうひとつ、通常のバンカーと目玉の違いは、構えるときのフェースの向きです。前者はフェースを開きますが後者は閉じる。というのは、開いてしまうとサンドウエッジの底のバウンスが跳ねてボールの真下にヘッドを届かせることができなくなるからです。フェースをかぶせて打ち込めばヘッドが砂に弾かれず、ボールの真下に歯を届かせることが可能です」

目玉の縁をめがけて上からヘッドをドスンと打ち込んだらそれで終わり。フォローを出す必要はない。

「この打ち方で距離感を出すのは確かに難しい。しかし、目玉につかまったときの最優先課題は、とにかく外へ脱出させること。思いきってヘッドを上から打ち込み、砂の勢いでボールを押し出しましょう」

上から打ち込みやすくするためにはアドレスにもうひと工夫が必要になる。

優ポイント

私が普段レッスンを行っている沖縄の大北練習場の片隅には小さなバンカーがあります。皆が入れ替わり立ち替わり練習するので砂が削られ、アゴ付近はえぐれ、かなりの傾斜ができています。そのノリ面にわざとボールをめり込ませ、私がパターのようなロフトのないクラブで脱出して見せるとレッスン生は皆、驚いた顔をしますが、ボールの真下にクラブの歯を差し込む原理がわかっていれば脱出は決して難しいことではありません。

アマチュアがバンカーに苦手意識を持つのは過去の経験から来るトラウマが大きいせいではないでしょうか。ノリ面に突き刺さるような目玉でも脱出できるんだという前向きな気持ちを持って、バンカーにつかまっても「ああ、これでまた練習できる」とワクワクする気持ちを持てるようになれば、もうバンカーはあなたの敵ではありません。

パターでも脱出できる

力がいる。反発に負けないためには300ヤードを打つつもりで振れともいわれる。

手首に角度を

「上から打ち込むには鋭角にヘッドを下ろさなければなりません。そのためには最初から左足重心で構えておくのがポイント。そしてコックは早めに使うのがコツです。アドレスで手首に角度をつけず平らにして構えたら、コックを早めに使うのは難しい。手首に角度をつけ、ややハンドダウン気味に構えた方がバックスイングでコックが入れやすくなります。バンカーではソール（底を砂につける）してはいけませんが、イメージとしては構えたとき、サンドウエッジのトゥ（先端）の部分がわずかに浮く感じがよろしい。また、球は内側に入っていますから、グリップを少し前（ターゲット方向）に出すハンドファーストに構えておくといいですね」

アドレス時の手首の角度によって、コックを入れやすいかそうでないかが決まる。上から叩きやすいアドレスを最初からつくり、打つ前に万事準備を整えておくことが目玉からの脱出を成功に導く。

やんばるからの挑戦

継承される家族の形

優さんは宮里家の子育ての軸を「お互いに相手を尊重すること」といった。幼年期（小学生）は善悪の区別をわからせるために体罰もいとわなかった。自我に目覚める思春期（中学生）以降は、まず子供たちの意見を聞き、それに対してアドバイスする対話を重視した。そこに流れる親子の関係は、お互いの信頼と尊重で成り立っている。今の時代、できそうでなかなかできないこの関係は、あるいは沖縄ならではの家族の形なのかもしれない。

優さんが子供たちに施したしつけは、優さん自身が父親（那三郎さん＝64歳で他界）からそのまま受けたものだという。「父親が私にしたことを私は子供たちにもした。子供たちもいつか、私がしたことを繰り返していくと思う」。親から子へ、そしてその子たちが親になり、今度は自分の子供たちへ。継承は今の時代では失われつつある、かつてあった大家族制の流れを感じさせた。

優さんは子供たちにこういう。「私は君たちを育てた今、君たちを誇りに思う。今度は君たちが自分たちの子供を誇りに思えるように育てられるかだ。それができなければ宮里家は2代で終わり。君たちの真価は結婚して家庭を持ったときに問われるよ」。宮里家の玄関の屋根に残されている赤瓦の意味がそこにある。

砂の反発　砂を爆発させて球を上げるのがバンカーショット。目玉ともなると多量の砂をはじき出すために

秘密31

スネークラインも高速グリーンも自信満々！

スコアメークの要　3パットを防ぐ考え方

基本から応用まで宮里流ゴルフの全てを公開してきた。最後はスコアメークの要となるパッティングの考え方で締めくくろう。パットは日ごろ、練習する機会が少ないこともあり、おろそかにされがちだが、考え方さえ覚えれば3パットは防げる。

複雑なスネークラインや高速グリーンで3パットを防ぐにはどうすればいいか？　状況に応じた攻略のコツを聞いた。

30〜50センチ先に

「スネークラインといえども直線で狙うべき、というのが私の考え方です。後方からラインを読み、打ち出す方向を決めたら、ボールの先30〜50センチのところにスパットを想定します。そのスパットに対してフェースが直角になるようセットし直線的に打つ。球の曲がりの頂点を狙うより、間近のスパット（目印）に対して真っ直ぐフェースを出していくイメージの方が確実です」

フォローをしっかり

基本編のパットの打ち方（秘密⑱）で学んだとおり、ボールは目線の真下に置き、

スネークラインは目印を定め
真っ直ぐ打ち出す
ボールは目線の真下、
手首はこねず肩で

手首はこねず、肩主導のストロークを行うことがパッティングの大原則であることに変わりはない。

「スパットに向かって打っていく際の注意としては、途中でストロークを緩めないことが挙げられます。距離の長短にかかわらずフォローをきちんと出し、ボールがカップに届くまでヘッドをフィニッシュの状態で止めておくことが大切。フォローを出さない、あるいはフィニッシュをきちんとつくれない人にパットの名手はいませんからね」

では、左右どちらかに切れるラインの場合、ふくらませて打つべきか、それともより直線的に攻めるべきなのか？。

「それは人それぞれ。強めに打つ人は直線的なラインを想定すべきだし、傾斜を利用してトロトロと転がしたいのなら、ふくらませて打てばよろしい。ただし条件があります。どちらの場合も常にフックラインは右から外すべし、スライスラインは左から外すべし、です。フックラインを左に外しては、絶対にカップインするチャンスはありません。左右に曲がるラインは、常に曲がる側からカップを外すイメージを持ちましょう」

俗にプロライン、アマラインという表現を使

優ポイント

パッティングはいくら調子がよくてもちょっとしたことで崩れることがあります。それを思い知らされたのが、藍がメジャーに初挑戦した全英女子オープンのときでした。

その週、藍のパッティングの転がりは最高でした。ストロークも完ぺき。ところが本番になると短いパットが入らない。1メートル前後のパットをポロポロ外すのですからお話になりません。しかもフックラインを左に外す始末。ショットは海外の一流選手に引けを取りませんでしたが、パットで予選落ちしてしまいました。

原因は左手の親指。左手の親指は本来、グリップの真上にあるべきなのが、ほんのわずかにかぶっていた。左手がかぶるとテークバックでフェースが微妙にロールし、インパクトでフェースが返ることになる。コーチの私にも見抜けなかったささいなミス。パットの怖さを改めて痛感させられた出来事でした。

ゆとりを持たせて構えるとスムーズに出しやすい。突っ張って立つことは注意したい。

うことがあるが、フック&スライスともに下に外していたのではノーチャンス。外すなら上、つまりプロラインから外せというわけだ。

「もうひとつ、下りの速いラインの攻略法をお話しましょう。まずはグリップをソフトに握ること。次にバックスイングをゆっくりと上げること。ヘッドに虫が止まれるくらいゆっくりがよろしい。さらにダウンも同じくらいゆっくり下ろす。こうすればインパクトが柔らかくなりますから」

下りの速いラインでは打ち過ぎを警戒する余り、腕に余計な力が入りやすい。が、それは逆効果。グリップの力をゆるめ肩の力を抜いてスローモーションでストロークしてみよう。

やんばるからの挑戦

コーチとして、もっと苦しみたい

3人の子供たちはそろってプロとなり、一人歩きを始めた。それはそれで大きな夢の実現となったが、優さんは、さらなる夢に向かって成長を続けてくれることを願う。それは海外の舞台での活躍。3人が日本から戦いの場を世界に移して飛躍していく姿だ。

優さん自身、青春時代を米軍の支配下で過ごしてきた。

「しいたげられた生活をしていたというコンプレックスはあった。そういう中で自分を支えられるものは何か。一生懸命やって、これだけは誰にも負けないという誇りを持つことでしょう」。子供たちに教えた「夢を持て、苦しいことから逃げずに努力しろ」は、誇りを持って、堂々と前を向いて生きるための心の教育であり、一方、将来的に舞台を海外に置いた際の心の準備でもあった。

父親の手を離れた3人はこれから、今度は自分たちの努力で一人前になっていくことが課題となる。優さんはいう。

「私はコーチ役として大いに苦しみたい。その苦しみは楽しいと思う。これまで味わったことがない高いレベルの苦しみだからね」

やんばるの秘境からの挑戦は今、スタート地点に立ったばかりだろう。世界を視野に入れた宮里ファミリーが、再び新しいチャレンジに立ち向かっていく。

ひざの重要性 ロングパットなどではしっかりとフォローを取ることが欠かせない。そのとき、ひざに

あとがき

このレッスン書に収められたゴルフ理論には、宮里優氏の長年にわたる熱心な研究の成果が感じられる。何回となく沖縄に出向き、取材を通して再三、お会いしたが、そのたびに「本当にゴルフが好きな人なんだな」との印象を受けた。

特に宮里流の真髄ともいえる大きなフォロースイングは、3兄妹のフォームを見てもわかるように、力強さと思いきり大きなアークの美しさがある。左ひじを脇から離し、両腕をしっかりと伸ばしたフォロースイング、高い位置のフィニッシュへと収まるスイングの後半こそ「球筋、球質にかかわる大事な部分」と宮里氏は強調。ともすればインパクトでスイングを終えてしまいがちなアマチュアにとって、そんな話を聞くと「もう一度、ゼロからやり直してみようか」と思うほどの説得力がある。

宮里氏は29歳のとき、現夫人の豊子さんに誘われてゴルフを始めた。スタートこそ遅かったが、その奥深さに魅せられてどんどんのめりこんでいく。当時、公務員の仕事をこなしながら1日8～10時間の練習に取り組んだという。夜は懐中電灯の明かりを頼りにパットの練習、車の中で仮眠をとりながらの日々だったというから、打ち込み方は半端でなかったようだ。

ゴルフは「最終的に人格の勝負」という。その意味で宮里氏のゴルフは〝道〟だ。この書はいわば、宮里流ゴルフ道の入門書なのである。

スポーツニッポン新聞社　佐藤　彰雄

あなたのゴルフが劇的《げきてき》に変《か》わる
宮里流《みやざとりゅう》31の秘密《ひみつ》

編著者	スポーツニッポン新聞社
発行所	株式会社 二見書房 東京都千代田区神田神保町1−5−10 電話 03(3219)2311［営業］ 03(3219)2315［編集］ 振替 00170−4−2639
編集協力	株式会社 カオス
印刷／製本	図書印刷株式会社

落丁・乱丁本はお取り替えいたします。定価は、カバーに表示してあります。

Printed in Japan.
ISBN4−576−04190−8
http://www.futami.co.jp

二見書房の既刊本

あなたのハンデを10縮める
宮里流30のドリル

宮里優

父と子の堅い絆から生まれた
最上級のゴルフ指南書！
スポーツニッポン好評連載第2弾！

●左肩を右肩の位置にこんなに回して正解●悩みの種・ダブリ撲滅　耳からカミ技●飛ばすならタメなきゃダメ●両腕脱力でノーコン●ロングアイアンで自信グ～ン●右手1本の素振りで一石三鳥のドリル●歯打ちでピタリと止まるあこがれのスピン●左サイド一直線で手打ち脱却…ほか